创业 36 条军规

商业模式裂变增长
实战笔记

陈 轩 ◎ 著

图书在版编目（CIP）数据

创业36条军规：商业模式裂变增长实战笔记/陈轩著. —北京：东方出版社，2023.9
ISBN 978-7-5207-3575-9

Ⅰ.①创… Ⅱ.①陈… Ⅲ.①企业管理—营销管理 Ⅳ.①F274

中国国家版本馆CIP数据核字（2023）第137575号

创业36条军规：商业模式裂变增长实战笔记
（CHUANGYE 36 TIAO JUNGUI: SHANGYE MOSHI LIEBIAN ZENGZHANG SHIZHAN BIJI）

作　　者：	陈　轩
特约策划：	陈正侠
策划编辑：	鲁艳芳
责任编辑：	杭　超　苏新萍
封面设计：	末末美书
出　　版：	东方出版社
发　　行：	人民东方出版传媒有限公司
地　　址：	北京市东城区朝阳门内大街166号
邮　　编：	100010
印　　刷：	河北文福旺印刷有限公司
版　　次：	2023年9月第1版
印　　次：	2023年9月北京第1次印刷
开　　本：	710毫米×1000毫米　1/16
印　　张：	20
字　　数：	223千字
书　　号：	ISBN 978-7-5207-3575-9
定　　价：	88.00元
发行电话：	（010）85924663　85924644　85924641

版权所有，违者必究

如有印装质量问题，我社负责调换，请拨打电话：（010）85924602　85924603

序言

创业就是增长，营销就是裂变

Hold 不住产品，三年必死。

Hold 不住内容，两年必死。

Hold 不住投放，一年必死。

创业就是做增长，营销就是做裂变。

这四句话，是笔者的原创。

当你身处创业营销第一线，你就能深刻感受到这四句话的内涵。从 2018 年至今，以直播和短视频为代表的新裂变增长营销，彻底改变了创业的竞争格局。

基于场景、基于品类、基于流量、基于裂变、基于DTC（Direct to Consumer，直面消费者）的新内容营销，诞生了一个令创业者和投资人心跳加速、异常兴奋的新增长模型。基于18年的一线实战，笔者将其提炼为"产品－内容－投放"模型。

首先，要有强大的产品，产品是创业的树根。最近，完美日记产品的销量断崖式下跌，造成这种情况无非只有一个原因：产品黏不住客户。

产品不牢，地动山摇。多年前，一个B2B的项目，笔者只用300多万元的营销费用就收获了500多个付费代理商，但产品不"给力"，再努力再拼命也没用。

产品是创业者的"护城河"，对内要黏住越来越挑剔的消费者，对外要拦住对手。值此内外交困之际，但凡产品弱，无论怎么运营、怎么融资、怎么管理，都是"烂泥扶不上墙"，都只是局部优化。

产品弱，复购率和口碑一定会出现问题，青黄不接是必然结局。再厉害的团队，再强的营销模式，再富裕的创业资金，也会被迅速击穿。多少个日夜的操劳和拼命打磨，多少真金白银的投入和心力交瘁，在弱产品面前，都是0。

其次，搭建高段位的内容团队。

这个世界上有两件事较困难，一个是把别人的钱放进你的口袋，另一个是把你的内容放进别人的脑袋。

依笔者看，搞内容的人只有两种，一种是垃圾，一种是高手。

2022年，笔者给一家风投公司的创业者做培训，见到了一款非遗传承人设计的服装，产品力极强。当时笔者预测，这类产品的营收预算，要以亿元为单位，但品牌视觉是成败的核心。

内容高手能拍出香奈儿的调性，而不入流的内容人只能拍出山寨风格。创业者的命运就有了天壤之别。

其实，**营销的主线就是内容创造**。E人E本做报纸广告、加多宝做电视广告、完美日记做KOL投放，形式不同，但本质都是内容的创造和传播。

笔者这批营销人，入行时都是写报纸广告、做平面广告、拍电视广告出身的，是每天盯着来电量和销售额来打磨手里这支笔的。后来为了帮客户做品牌营销增长，笔者18年来紧跟媒体变迁，从博客内容、微博内容、微信内容、知乎内容、抖音内容、小红书内容等，一路从实战中摸索出来。

互联网是有记忆的，很多朋友还能搜到笔者在2000年年初创造的爆款内容和提供支持的营销项目。

创业者如何做内容？

多年营收额在10亿元左右的公司，仅做内容的部门就有100多人。上个月，笔者见到一家创业公司每天要发30条视频，但这样有用吗？

做内容不是打架，也不是搬砖头。

2012年，微博内容做得最强的是杜蕾斯，其团队在上海，内容火爆全国。但整个团队没有几个人。

内容团队的强大，衡量指标不是团队有多少人，每天要出多少视频，而是团队里有几位能人，能做出来多少爆款内容。

2014年，笔者的团队写了篇文章，两天的浏览量高达200多万；2015年，做了一个微博活动，没有任何广告投放，三天转发量2000多，评论量上万；2016年，母亲节活动做了一条视频，火爆全网，各个品牌争相模仿；2017年，微信公众号的一篇文章能邀约到50多个加盟商。我们整个内容团队只有7个人。

做内容难也不难，笔者给你透露下秘诀。

内容团队的任务是营造深度的在场感和代入感。为什么呢？因为品牌和情绪高度相关，购买与氛围高度相关。

内容维度，一个人抵得上千军万马。

千军易得，一将难求。高手做出来的内容，数量根本不重要。病毒诱饵、情绪暗线、信息嵌入和潜意识偏好，这四个动作才是内容营销的关键指标。

对于创业者而言，内容的直接目的就是强化自身的品牌信号，让产品从可有可无的维生素变成不买不行的速效救心丸，从快消品变成必需品，从功能使用变成社交符号，进而获得更大的自然流量。

最后就是投放。

新品上市第一年，主要是投放测试和ROI（投资回报率）评测，摸索平台的算法机制，找"产品–内容–投放"模型的契合度，找到投入产出比最高的投法。

新品投放，第一年能做到销售额3000万元以上的，在投放方式上都有自己的独到之处。

投放比例调试好了，创业者就能在各种电商网站和社交平台上获取源源不断的客户流量，实时获取消费者的反馈，快速跟上市场趋势和消费者偏好。像马上要上市的某品牌一样，三年做到24亿元的营收。

总之，在"产品–内容–投放"模型的指导之下，四年来的创业市场可谓遍地开花，成果斐然。

序言

仅服装行业：

2019年，有7个新品牌，年营收超过了10亿元；

2020年，有10个新品牌，年营收超过了10亿元；

2021年，有14个新品牌，年营收超过了10亿元。

在具体的落地实践中，笔者将"产品–内容–投放"模型细化为《创业36条军规：商业模式裂变增长实战笔记》，用36条最新的创业营销实战案例，抽丝剥茧，帮助创业者提升认知、赢在起点。

开局决定终局，思路决定出路，流量决定销量，心态决定成败。在特殊时期，该赚钱的依然在赚钱。感觉到创业过程十分痛苦的，一定是商业模式和运营手法老化了，需要迅速迭代。如果读者有什么想法，欢迎添加笔者的微信（chenxuan008beijing），我们一起切磋探讨。

2023年1月1日于北京

目　录

PART1　门店获客

军规 01　先为不可胜而后求胜 ·················· 003
【案例拆解】喜茶"狂奔"，近 700 家门店超 600 亿元估值，奶茶店到底赚不赚钱

军规 02　倒着做品牌，逆着做渠道 ·················· 013
【案例拆解】蜜雪冰城闷声发大财，门店超万家，纯利润 8 亿元，凭什么

军规 03　闪电式扩张怎么打 ·················· 019
【案例拆解】趣店三个亿买抖音流量，罗敏 5 败 6 战，为何选择卖菜

军规 04　七步成诗，Step by Step 做增长 ·················· 029
【案例拆解】名创优品爆发式增长，走了哪些弯路

军规 05　四两拨千斤，切记要轻资产运营 ·················· 037
【案例拆解】海澜之家，如何精心锤炼自己的商业模式

军规 06　垂直整合做闭环，首尾策应做增长 ·················· 043
【案例拆解】文峰"浩哥"价值 20 亿元的五大商业秘籍是什么

PART2　品牌突围

军规 07　爆款切入，多品牌矩阵的打法 ·················· 057
【案例拆解】太二酸菜鱼，凭什么 7 个月就能收回投资

军规 08　社交电商模式做品牌 ·················· 069
【案例拆解】 从年销售额上千亿的 SHEIN，看服装品牌的营销突破之道

军规 09　颠覆式创新在中国互联网领域的最佳试验 ······· 075
【案例拆解】 拼多多从"五环外"到"电商一哥"的突围

军规 10　顺势而举，做时代需要的品牌 ·············· 083
【案例拆解】 谁能拯救钟薛高

军规 11　做品牌的最高境界是什么 ················ 091
【案例拆解】 三分钟给鸿星尔克做个品牌策划

军规 12　打造利益共同体 ····················· 101
【案例拆解】 筹备上市的加多宝，靠什么火了 28 年

PART3　爆品打造

军规 13　做好基本款，占领更大的市场 ·············· 111
【案例拆解】 6 年卖了 22.7 亿元，疯狂小狗如何实现疯狂增长

军规 14　微创新，大需求 ····················· 123
【案例拆解】 小罐茶和杜国楹

军规 15　更聚焦，更小众，更快速 ················ 131
【案例拆解】 一块鸡胸肉 3 年爆卖 1.8 亿元，鲨鱼菲特如何实现 200 倍增长

军规 16　线下引爆线上，实现裂变传播 ·············· 139
【案例拆解】 海底捞的"番茄牛肉饭"是如何成为抖音爆款的

军规 17　爆品绝对不仅仅是产品 ················· 147
【案例拆解】 5 年从 0 到 1100 亿港币，泡泡玛特的泡泡是怎么吹起来的

军规 18　特价做爆款，爆款常规化 ················ 157
【案例拆解】 肯德基在中国屡试不爽的"疯狂星期四"

目 录

PART4 私域裂变

军规 19　左手公域矩阵，右手私域社群 ·············· 167
【案例拆解】 李佳琦直播间如何时时保持高人气

军规 20　左拳线上炒作，右拳线下变现 ·············· 177
【案例拆解】 樊登读书会崛起的密码，就这么简单

军规 21　刀尖上跳舞的"三级分销"拉人头 ·············· 185
【案例拆解】 七位"90后"创业两年狂赚3亿元，揭秘微课传奇的爆发式增长

军规 22　用员工带来客户，将客户变成员工 ·············· 195
【案例拆解】 周大福4万员工，加出来500万私域客户

军规 23　小程序是玩转社群的好工具 ·············· 203
【案例拆解】 百果园是如何通过社群拉动销量的

军规 24　巧用企业微信，玩转私域流量 ·············· 209
【案例拆解】 孩子王如何五步实现企业微信落地，圈定百万粉丝

PART5 流量引爆

军规 25　"双边市场"做引流 ·············· 217
【案例拆解】 东贸国际服装城，福建老板们的流量变现内幕

军规 26　"急功近利"做流量 ·············· 225
【案例拆解】 财务造假21亿元被打脸的瑞幸咖啡，在疫情中逆势增长30%，凭什么

军规 27　病毒营销，流量汹涌 ·············· 233
【案例拆解】 完美日记，如何在8个月内实现销量50倍增长

军规 28　"森林火灾"效应 ·············· 239
【案例拆解】 "凡客体"为什么能一夜爆红

军规 29　做 IP，就是追热点 ········· 245
【案例拆解】 蓝翔技校是如何炒起来的

军规 30　利用反差，激发互动 ········· 251
【案例拆解】 老干妈配雪糕，根本停不下来

PART6　销量破局

军规 31　"先破后立"，激活销量 ········· 259
【案例拆解】 300 亿市值跌到 40 亿，极草的破局怎么做

军规 32　做小池塘里的大鱼 ········· 265
【案例拆解】 男性化妆品"理然"的破局增长之法

军规 33　集中战略与差异化战略 ········· 275
【案例拆解】 只靠一招，余联兵让优速快递活了下来

军规 34　迎合"主旋律"，背靠大树好乘凉 ········· 285
【案例拆解】 支付宝"集五福平分 2 亿"，实力反击微信支付

军规 35　小创意撬动大销量 ········· 291
【案例拆解】 可口可乐"昵称瓶"力挽狂澜促销量

军规 36　"多想五步"，驱势而为 ········· 299
【案例拆解】 左晖是如何给链家做增长的

PART1

门 / 店 / 获 / 客

军规 **01**

先为不可胜而后求胜

【案例拆解】

喜茶"狂奔",近 700 家门店超 600 亿元估值,奶茶店到底赚不赚钱

【背景介绍】

在众多奶茶品牌中,喜茶的热度最高,也最受资本追捧。自 2016 年,皇茶 ROYALTEA 改名为"喜茶",在随后的 4 年时间里,喜茶共经历了 4 轮融资,2020 年 3 月,高瓴资本和寇图资本联合领投 D 轮后,喜茶估值超过 600 亿元。8 个月内,公司估值暴增八成。

根据喜茶发布的 2020 年度报告,截至 2020 年 12 月 31 日,在海内外 61 个城市,其门店数量已突破 695 家。"狂奔"的喜茶,正在稳健加速。

【案例解析】

制作一杯奶茶,看起来简单,但想要做好口感,却没有那么简单。奶茶在调制的过程中,每个步骤、每道工序都有讲究,即便是同样的配方和原料,如果配置比例不当,或原料不够新鲜,都会影响品质和口感。例如,喜茶就要求加盟店至少有 10 人运营,如此饮品质量才能得到保障。

一、奶茶行业的崛起是一场社会实验

2018年8月,为了调研奶茶项目,笔者带着团队在北上广深跑了两个月,主要看的是喜茶、奈雪的茶和乐乐茶。初始感觉这个行业是个"演艺行业",解决了不少"群众演员"的就业问题。后来觉得奶茶行业的再崛起,是一场社会实验。它将诺贝尔经济学奖获得者理查德·塞勒(Richard Thaler)提出的**"社会人"** 筛选出来了,**即具有"从众性、情绪化、非理性、不自律"的人。**

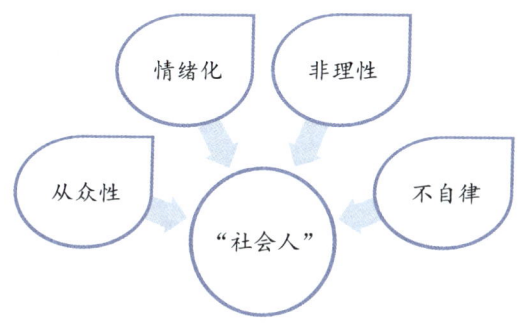

图1 "社会人"的特点

雇人排队,这种玩法是网红奶茶店的基本套路,专业排队的群演公司和价格笔者也都摸清楚了,甚至某茶的组织架构和员工的联系电话等,都有人发给笔者。

从雇人排队当"药引子",到真人排队"熬中药",奶茶行业可谓套路满满。这句话不是贬义,任何成功的行业其实都一样。认清楚这一点,才算是迈出创业的第一步,也是极其重要的一步。

二、奶茶产品力的关键是成瘾机制

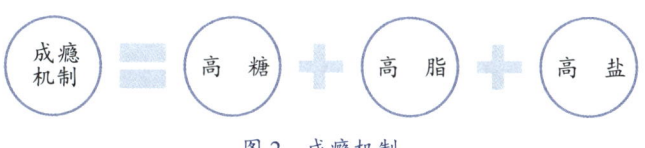

图2 成瘾机制

笔者曾经和一位食品行业的老专家专门聊过食品行业的成瘾机制。

奶茶就是典型的成瘾产品，尤其是喜茶赖以成名的芝士茶：高糖就不用说了，首推全糖，用冰块麻痹顾客的味觉，让顾客不会觉得腻（可乐用的是碳酸）。这是高糖，高脂呢？当然是芝士。高盐呢？芝士中有盐。

成瘾排名：芝士茶＞珍珠奶茶＞水果茶。

三、奶茶店的崛起，是对传统饮品行业的终端拦截

笔者入行之初，正是渠道时代，彼时如果去西单图书大厦转转，会发现营销类书籍的C位被诸如《渠道为王，决胜终端》之类的书籍所占领。

现在，制造业饮品全面被服务业饮品所拦截、产品品牌的市场全面被渠道品牌所抢占、预制饮品的市场被现调饮品所抢占。

所以，笔者对传统饮品行业的发展持悲观态度。与大米、方便面、鸡蛋一样，传统饮品行业被时代所降级，被年轻人定义为落后的经济形态，类似于基础物料。想要出头，要求具有极其差异化的产品设计和"短平快粗暴变现"的运营方式。

四、奶茶店，到底赚不赚钱

这是一个所有人都关心的问题。其实赚不赚钱，取决于所处的"位置"，这个位置从宏观上讲，是竞争态势；从微观上讲，是盈利模式。

如果你是品牌的拥有者，你赚的肯定不是奶茶的钱，而是风险投资的钱（如估值200亿元）和加盟商的钱（一次性智商税）。这属于高段位的玩法，难度也不小，需要做品牌策划。茶叶行业包括奶茶店，是品牌创意最难的行业，没有之一。

军规 01　先为不可胜而后求胜

不信可以试试，所有你能想到的有点儿意境的好名字，基本上都被想到并注册了。如喜茶、茶颜悦色等，都是或者高价买，或者捡漏来的名字。有了品牌只是第一步，样板店总是要开的，招商总是要做的，这些没有500万元根本启动不了。

如果你是加盟商，纯粹赚消费者的钱，更难，不仅难，而且风险很高。这里先算一笔账：

- 房租，北京押三付二，深圳押三付一；北京CBD 80平方米的商铺租金每月5万元，深圳与北京差不多。房租已经花费了25万元。
- 员工的工资社保每人每月7000元，再加上店长的工资、社保每月15000；前期算5个人，每月5万元。
- 员工宿舍不能离店太远，就意味着租的是市中心的房子，且不能是地下室和群租房，只能是两居室，找个最便宜的20世纪90年代的老小区，租金依然是押一付三，每月至少6500元。再加上简单的家具和设备，每月5万元。
- 装修费算20万元，总得有点格调，而且写字楼底商白天不让施工。晚上施工工时费翻倍，至少需要25万元。
- 办工商执照和食品经营许可证2万元。
- 加盟费算20万元，买机器设备算5万元，共25万元。
- 消防、环保、通风设备算20万元。
- 物业费和垃圾处理费每月2000元。一次交一年的费用，共2.4万元。

以上费用加在一起，大约需投入110万元才能开张。按三年折旧，分摊下来，每天的成本是：

1667（房租）+1667（人工）+217（宿舍）+231（加盟费和机器设备费）+231（装修费）+185（消防、环保、通风）+ 67（物业和垃圾处理）= 4265 元。也就是说，每天一睁眼的成本就是 4265 元。

奶茶店毛利算 50%，每天至少要卖到 8510 元，才能不亏本。每天卖到 10000 元，才算持平。如果一天能卖到 10000 元，一个月销售额 30 万元，那已经是顶尖奶茶店的水平了。但是，还不赚钱。

笔者有个东北朋友，1994 年出生，开过 3 家麻辣烫店。转型后加盟一点点奶茶店，位置选得好，每天号称"卖掉 1000 杯"奶茶，但依旧不赚钱。抱怨每年也就夏天赚钱，其他时间都是给别人打工。

这还算好的，开张之后如果生意不好，每天亏钱，最多撑三个月就得关门。这时候会发现除了一堆没地儿放的机器设备，什么也没落下。

五、赚钱后面临的挑战

如果每天的销售额有 2 万元，年销售额近千万元，接下来会发生什么？将面临两个挑战。

一个挑战是房东，北京的房东只和你签三年，深圳的只和你签两年；然后他极有可能蹲在店门口数人流，算出来奶茶店每月的利润，然后毫不犹豫地涨租金。一直涨到你觉得开店食之无味弃之可惜，开始思念早九晚五的上班日子。

另一个致命的挑战来自同行，看你生意不错，立马在你旁边开一家装修更好、价格更低、服务更好的店，并声称"成本不变，销量减半"，你该怎么办？

最后，房东赚嗨了、装修公司赚嗨了、厨具公司赚嗨了、品牌公司赚嗨了、物业公司赚嗨了，这些人都是在"你的尸体"上赚嗨的。

总之，从竞争模型、成本结构、盈利组成上看，奶茶店的品牌商可以试一试，加盟商就算了，基本是为认知买单的"韭菜"命。

六、喜茶、奈雪这类直营店玩家，单店赚钱吗

从 2017 年年初就不断有投资人问我：喜茶，你怎么看？

我的回答是：资本需要在故事和泡沫中逐利。

喜茶的优势很明显，高频、刚需、大市场，尤其在南方。又借势购物中心，流量充裕，广告效应明显，现金流优势明显。

但喜茶的劣势也很明显。

首先，产品毛利不高，50% 左右。比大家想象中的低多了。

其次，人员成本高，一个外卖店，最少需要 10 名店员，从早上 9 点做到晚上 9 点，极其辛苦，流动率也非常高。笔者曾付费与喜茶的员工深聊过，得到的回答基本都是："打芝士，打一天，晚上睡觉耳朵还是搅拌机的声音。剥葡萄，剥一天，腰酸背痛。制冰块制一天，手都冻麻了。累得抑郁……"这些"90 后"能这么愿意吃苦，就是为了学手艺，最多半年，一定会离职回家创业，成为喜茶的对手。

再次，房租太高。"90 后"在为喜茶打工，喜茶何尝不是在为购物中心打工？新茶饮跟不上喜茶，本质上是口袋深浅的问题。喜茶口袋深，没钱可以找资本家要，新创业者只能靠卖一杯杯茶来续命。但当奶茶店都不赚钱时，故事又能讲多久呢？

最后，就是消费者正逐渐失去新鲜感，且竞争逐渐红海化，很多购物中心已经明确规定，不再招商饮品品牌。而喜茶现在还不敢宣称盈利，这波潮流一旦过去，是不是"裸游"就很清楚了。

【陈轩点评】

当我们在聊喜茶时，我们究竟在聊什么？

吾有大患，及吾有身；及吾无身，吾有何患？

你之所以会亏钱，还是因为你有钱，你要是没有钱，你怎么会亏钱？

笔者曾和一位创业者聊天："初创企业 CEO 一定要压制住花钱的冲动！"

第一层意思是什么？破除错误的商业认知，"风险与收益成正比" 真的害死了无数创业者。

昨天和朋友聊到某某庄园的庄主，从匈牙利回来，政府给了 3000 亩地，真金白银投了 4 亿元，产出的葡萄酒拿奖无数。但是，其销售和营销乏力，一生积累的财富都化为乌有。风险高，不一定收益高；收益高，不一定风险高！

可见，**认知水平是创业最大的成本，更是决定生死的关键**。我们大脑中装满了正确和错误的认知，互相打架，导致生活有时候顺利，有时候不顺利。因此，在任何认知进入大脑之前一定要审核。创业本身就是修炼，可以从这个角度去理解。

第二层意思是《孙子兵法》中所讲的：先为不可胜，而后求胜。

破釜沉舟、孤注一掷的案例，不是走"狗屎运"，就是讲故事。创业不败的前提，正如樊登老师所讲，就是"我就是不花钱，我就是不花钱，我就是不花钱""我就是脚踩两只船，我就是脚踩两只船，我就是脚踩两只船""成功固然可喜，失败依然小资"！

第三层意思就是樊登老师所讲的成本收益曲线的朝向问题。

好的创业项目是抛物线开口朝上,即所谓的"成本有限,收益无穷"。而差的创业项目是抛物线开口朝下,即所谓的"成本无限,收益有限"。

阅读心得笔记

军规 02

倒着做品牌，逆着做渠道

【案例拆解】

蜜雪冰城闷声发大财，门店超万家，纯利润 8 亿元，凭什么

【背景介绍】

蜜雪冰城，是大学生张红超为了减轻家庭负担，于 1997 年在郑州创立的冰激凌与茶饮的品牌。经过 20 余年的发展，蜜雪冰城在一众奶茶品牌中实力出圈，全国门店数量超过 15000 家，并打入海外市场；年销量超过 65 亿元，纯利润 8 亿元；品牌的 slogan "你爱我 ♡ 我爱你，蜜雪冰城甜蜜蜜" 成为洗脑神曲之一。

【案例解析】

笔者给很多创业者讲过一个实战技巧：**倒着做品牌！**

品牌和产品相比，产品大；产品和渠道相比，渠道大。所以，要想创业成功，先搞渠道，再搞产品，把品牌放在最后。这就是倒着做品牌。

蜜雪冰城是倒着做品牌的典型。

先看数据：

- 1997 年，蜜雪冰城在郑州创立；

军规 02　倒着做品牌，逆着做渠道

- 2018 年，蜜雪冰城 4500 家门店；
- 2019 年，蜜雪冰城 7050 家门店；
- 2020 年，蜜雪冰城超 10000 家门店；
- 2021 年刚过半，蜜雪冰城已超过 15000 家门店。

15000 家门店才是蜜雪冰城势如破竹的秘密，才是蜜雪冰城估值 200 亿元的根本，才是蜜雪冰城创业 20 余年的最终"成果"。

在一众茶饮品牌中，蜜雪冰城单店投资额最低，仅有 30 万～40 万元，对加盟商极其友好；客单价才 8 元，对消费者极其友好。这是典型的渠道拓展型打法。

品牌呢？蜜雪冰城已经换过 6 次 VI 系统，平均 4 年换一次店面形象。2018 年，即使其新换的"雪王"商标被驳回复审，也影响不了它日进斗金。

这就是笔者倡导"倒着做品牌"的原因：先把现金流的水渠挖好，有了钱，再去"对镜帖花黄"，一点儿也不迟。

对创业型的实战营销而言，在渠道面前，品牌什么也不是；在供应链面前，品牌什么也不是。不是说创业团队不要去做品牌，而是要用创业的节奏和力道去做"创业品牌"。

创业品牌怎么做？主要有三个步骤：

图 3　创业品牌的三个步骤

不要玩那种三个月想个名字，半年做套 VI 的玩法。蜜雪冰城的 VI 不算漂亮，但效果很好，因为定位很准：针对三、四线城市追求性价比的人群，传递低价的价值，卖给消费者只有其月收入千分之一的饮品。价格便宜，卖相不差，味道也不错。蜜雪冰城能够卖爆，全靠同行衬托。

在精准定位、设计好产品后，蜜雪冰城采取两个途径传递品牌价值。

（1）开店。超15000家门店，超10万名门店员工，每天直接触达消费者。

（2）网络。B站萌芽、抖音爆发，随后覆盖知乎、微博、网易云音乐、QQ音乐等。热度一波接一波，最后带动整个流量市场。

必须指出的是，蜜雪冰城能够疯狂"圈粉"有两个前提。

其一是"薄利多销"的销售策略。2元一个的冰激凌、4元一杯的柠檬水、8元一杯的霸道奶茶……蜜雪冰城将低价走量玩到了极致。

其二是辐射全国的供应链。蜜雪冰城一年卖65亿元，纯利润8亿元。这样的业绩，它的供应链功不可没。

新零售的关键是对供应链进行重构。貌似C2C，实则B2B。蜜雪冰城从2019年开始，全力打造全产业链，与茶山、果园、牧场和加工厂深度绑定；对仓储和物流高度重视，不断开分仓的同时，与大型物流企业集团合作，辐射全国。

经过12年的打磨，蜜雪冰城的供应链已经笑傲全行业，实现了进、销、存、商铺、会员等完全的信息化，现在已经开始强化智能分析了。

所以说，蜜雪冰城远看是低价，近看是供应链。每次蜜雪冰城的新品上市，数千件奶茶原料往往在30分钟之内被加盟商一抢而空。一旦把控了供应链，蜜雪冰城的根就扎到了奶茶行业的生态循环系统中，即使竞争对手知道蜜雪冰城的商业模式、运营数据和盈利秘密，仍然无法与之竞争。

相比高调的竞争对手，蜜雪冰城可谓闷声发大财。一如海底捞创始人张勇所言：阳春白雪，不如漫山遍野。

【陈轩点评】

用西方营销学的理论讲，蜜雪冰城的这种玩法，叫作"飞轮效应"：性价比越高，消费者越满意；消费者越满意，销量越高；销量越高，采购成本越低；采购成本越低，产品性价比越高；产品性价比越高，消费者越满意。目前，采用这种打法的品牌（企业）有拼多多、小米、比亚迪、HOTMAX 等。布伦特·克里斯滕森把这种打法叫作颠覆式创新。

颠覆式创新的定义：企业处于起步阶段时，其产品或服务在技术手段的帮助下，通过简单化应用，凭借价格低、更容易获取的优势，在市场底端站稳脚跟，随后随着实力增强，销量不断向上攀升，最后将老牌企业排挤出局，取而代之。

小结一下：

（1）蜜雪冰城的打法，门店越多，效果越明显。飞轮效应一旦生效，就是最强悍的"护城河"。

（2）"薄利多销"适合创业品牌，没有资格赚溢价之前，就老老实实做服务、做价值交换。

（3）创业者做创新是必须的，但一定要做"低成本创新"，以顺利进入低端市场，先活下来。

（4）品牌＜产品＜渠道＜供应链。不要迷信品牌，全力以赴把供应链做大、做强。

（5）三、四、五线城市，奶茶创业大有可为。房租便宜、人工成本低。

阅读心得笔记

军规 **03**

闪电式扩张怎么打

【案例拆解】

趣店三个亿买抖音流量，罗敏5败6战，为何选择卖菜

【背景介绍】

趣店创始人罗敏，带货19个小时，据说投资3亿元，真实销售额只有6000万元。销量共858万单，有人透露，其中90%都是靠"一分钱酸菜鱼"赚的。

在一般人看来，这生意做得非常赔钱。但熟悉互联网营销的人都知道一句话：羊毛出在猪身上，让狗去买单。一分钱"薅"到价值35元的酸菜鱼，表面上看消费者"薅"的是趣店和罗敏，买单的其实是企图抄底追涨的可怜散户。

罗敏19个小时的带货操作，使个人账号"趣店罗老板"单日涨粉397万人（备受争议后改名为"趣店预制菜"），趣店的股价第二天飙升80%，最终累计涨幅40%。直播前低价吸筹，直播砸钱造势、讲故事、拉高股价，直播后高位套现。

该跑的都跑光了之后，趣店股价直线回落到原点。趣店的股价从2022年7月16日的1.19元，暴涨到7月17日的2.18元，再到1.73元、1.67元、1.46元、1.29元，直到收盘的1.28元。一切又恢复到了原点。

只留一帮散户在凌乱。

只留一众自媒体讨伐和"骂街"。

趣店,玩得高级不高级?

2014年,罗敏创立了面向大学生的分期购物平台——趣分期,即趣店前身。靠着校园贷他赚得人生的第一桶金。2014年3月,他创立趣店集团,用一年的时间完成了三轮融资,成为2014—2015年度蹿升最快的创业公司之一。2017年10月,趣店成功在美国纽约证券交易所上市。

【案例解析】

趣店的商业模式属于"砸钱做增长、加盟做闭环、股市做套现"的典型,环环相扣,相互策应,值得创业者借鉴和群众警醒。

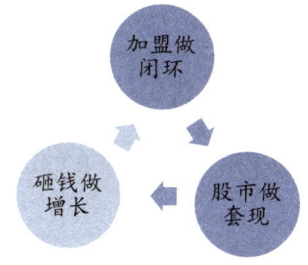

图4 趣店的商业模式

那么,趣店是怎么做起来的?这种增长方式到底靠不靠谱?对创业者有什么启示?

一、趣店是假大方还是真土豪

趣店上市后,虽然国内对分期贷款的监管越来越严,但趣店的业绩连续三年增长。

2017年、2018年、2019年，三年营收分别是48亿元、77亿元、88亿元，净利润分别是22亿元、25亿元、33亿元。

趣店的衰落源自被蚂蚁金服抛弃。在2018年8月脱离支付宝和芝麻信用的扶持之后，趣店的业绩一泻千里。2019年第四季度其业绩环比下降85.2%，净利润仅为1.57亿元。2020年和2021年的营收分别是37亿元和17亿元，净利润分别为10亿元和6亿元。2022年第一季度，营收2.02亿元，同比下降60.9%，净亏损1.43亿元。

表1 2017—2021年趣店的财务报表

趣店业绩	营收	净利润
2017年	48亿元	22亿元
2018年	77亿元	25亿元
2019年	88亿元	33亿元
2020年	37亿元	10亿元
2021年	17亿元	6亿元

从趣店的财报可以看出，2020—2021年趣店的业绩呈断崖式下跌，股价从巅峰时的35美元跌到了1美元左右的退市警戒线，两次被纳斯达克警告退市。

所以，**趣店不是真土豪，主营业务急速萎缩，资金越来越匮乏**。

接下来回顾一下趣店的发展史，来看看趣店的核心竞争力究竟是什么。

趣店于2014年3月成立，以游走在灰色地带的校园分期贷款起家。2015年，其收入2.35亿元，亏损2.33亿元。

军规 03　闪电式扩张怎么打

2015 年 9 月，趣店的贵人——蚂蚁金服出现了。在蚂蚁金服的支持和背书下，趣店的营收和利润大幅增长：

- 2016 年趣店收入为 14.42 亿元，净利润为 5.76 亿元。
- 2017 年上半年，趣店收入为 18.33 亿元，净利润为 9.73 亿元。
- 2017 年 10 月登陆纽交所，市值曾破百亿元。

上市套现后，蚂蚁金服脱离了趣店，趣店开始自力更生：

- 2017 年年底，趣店打造汽车金融——"大白汽车"，不了了之。
- 2019 年 2 月，趣店打造高端家政——"唯谱家"，不了了之。
- 2020 年 3 月，趣店打造跨境奢侈品电商——"万里目"，不了了之。
- 2021 年 6 月，趣店打造少儿在线教育品牌——"趣学习"，不了了之。

离开资本的日子，趣店的创业新项目无一例外地夭折了。罗敏 5 年狂追 5 大风口，屡战屡败，屡败屡战。2022 年，他又瞄准了预制菜。

小结：

（1）趣店的发家史并不光荣，也不值得倡导和推广。

（2）趣店 2015 年和 2016 年的业绩增长了 10 倍，2019 年和 2020 年的业绩大变脸，充分证明：趣店的成功，蚂蚁金服至少起到了 90% 的作用。获客靠支付宝，风控靠芝麻信用。

（3）预制菜是价值 3000 亿元的新风口，所以被罗敏选中，但能做多久不好说。可以参照大白汽车、唯谱家和万里目的命运。

（4）从 2019 年第四季度之后，趣店做的所有动作都是自救，是失去获客能力的趣店疯狂寻找新增长点的无奈之举。

（5）趣店失去贵人之后，依旧没能证明自己独自生存的能力。

二、趣店的路径依赖

回顾趣店这八年的所做的项目，有两个字作为暗线和主旋律贯穿始终——放贷。

直到现在，趣店的自我介绍上依然写着：

趣店集团是一家在中国使用人工智能和机器学习等数据支持技术的在线信贷产品提供商。

之前趣店的校园分期，是向身无分文但欲望很大的学生放贷；之后的大白汽车、唯谱家和万里目，是向月光的小白领放贷；现在的预制菜项目，则是向失业在家急于赚钱的宝妈放贷。

2022年7月18日趣店战略发布会上，罗敏提出：

未来三年支持20万用户创业开展线下门店，不收取加盟费和保证金。

趣店号称在小区附近开一家预制菜门店，每天卖出50份菜，每月轻松赚上几千元。并承诺会向合作伙伴提供发展基金，合作伙伴只需要选好店址，承担房租和装修等费用。

其实，趣店就是给这20万家加盟店放贷，让加盟商用这些贷款来买自己的产品，即通过预制菜创造贷款需求，完美解决寻找客户和催收量大的难题。

三、趣店是怎么做增长的

趣店的增长方式很典型，几乎没有什么变化。例如，"717直播"，趣店沿用的是自己熟悉、拿手，也是互联网行业惯用的闪电扩张。

这种打法有六个特点：

（1）寻找尚未成熟、能"大力出奇迹"的行业，快速进入、高举高

军规 03　闪电式扩张怎么打

打,一地鸡毛之后,套现退出。

例如,当年做校园分期贷,罗敏用 1 个月的时间从 10 个城市拓展到 300 个城市。为了快速获客,他将年化利率砍了一半,甚至在竞争激烈的时候,宣布免息。

在与老东家分期乐竞争时,趣店更是 3 个月砸掉了 1 亿元。

如今,趣店选择了预制菜市场,在这个市场中能否"大力出奇迹"尚未可知,但大家现在肯定知道趣店开始做预制菜了,广告效应已经达到。

趣店要解决的问题其实就是三个词:认知、认同、认购。产品层面的"认知、认同、认购"已经成功了,证据就是 2.5 亿元的销售额。但项目层面的"认知、认同、认购"出问题了,卡在了"认同"上面。之所以卡在"认同"上面,不是因为项目本身,而是因为趣店做校园分期贷的黑历史。

3 年来,预制菜行业的市场 10 倍扩容。趣店其实想复刻的是瑞幸咖啡创始人陆正耀的预制菜项目——"舌尖英雄"。2022 年 4 月,"舌尖英雄"的意向签约门店达到了 6000 家。预制菜第一股"味知香",2021 年加盟店共有 1319 家,全年营收 7.53 亿元,加盟店贡献了 3.46 亿元,平均每家加盟店年营收 26.23 万元,平均毛利率 26%,每店每年的毛利润只有 6820 元。总结起来就是:预制菜正在势头上,但前景不明朗。

(2)进行饱和式攻击,聚焦平台、聚焦产品、聚焦资本、聚焦流量,一次打响,一天时间要花掉同行一年甚至三年的广告预算,迅速占领消费者的内心。优先考虑速度而不是效率,规模对于业务来说至关重要,尽早进入市场并且快速行动至关重要。

例如，罗敏在刚创业时，针对学生群体推出"零首付，每月288元就可以拥有iPhone 5S"的现金贷，一次就印刷了10万张传单，疯狂发放。

"717直播"更明显。砸上亿元流量，砸抖音和微博开屏，签约明星进行带货。加上1.5亿元的快递物流成本，趣店19个小时砸了3亿元。但趣店的预制菜，在菜品本身上，一般人根本看不出差别。

（3）如果一击不中，就立即回撤，择机而动。

例如，之前的"万里目"项目，邀请一线明星站台，通过百亿补贴拉拢用户，但销量并不如人意，趣店立即快刀斩乱麻。

再如，之前的"大白"项目，三次融资，重金砸场，但一看增长没戏，立即砍掉。

（4）推广策略侧重"病毒式"传播，尤其是福利、免费、优惠、低价等词汇是关键，越夸张越好。

例如，原价34元的酸菜鱼，一分钱一份往外送。

例如，砸1500台iPhone13，价值750万元，抽奖免费送。

再如，在做"大白汽车"时，豪掷上亿元奖励用户；在做"万里目"时，号称百亿补贴；在做"唯谱家"时，邀请新用户，免费背三天奢侈品包。

流量占据通路，品牌占据人心。流量和品牌两手抓。

数据是决策的生命线。 趣店还有它的老师瑞幸咖啡，对数据，尤其是对用户留存率是极为看重的。

（5）买定离手，愿赌服输。

成交额显示2.51亿元，减去优惠券，实际到手6000万元，相当于5∶1的费销比。扔5元出去，拿1元回来。

军规 03　闪电式扩张怎么打

销量达到 858.33 万单，CPS（Cost Per Sales，按销售付费）相当于 35 元；一夜累计增长 458 万粉丝，一个粉丝价值 66 元。

观看人数 9587 万次，平均看一次的费用是 3 元。

趣店股票盘前暴涨 80%，累计上涨 40%，折合成人民币增长超过了 10 亿元。

（6）做闭环，做变现，连本带息赎回来。

趣店 2022 年 7 月 17 日砸钱直播带货，迅速出圈。7 月 18 日，趣店在厦门天元酒店火速召开预制菜品牌战略发布会，高调宣布进入预制菜赛道。紧接着，其股价迅速增长 80%。

闪电扩张的六大步骤：
- Step 1：瞄准能"大力出奇迹"的行业
- Step 2：进行"饱和式"流量攻击
- Step 3：一击不中，立即回撤
- Step 4：侧重"病毒式"传播
- Step 5：买定离手，愿赌服输
- Step 6：做闭环，连本带息变现

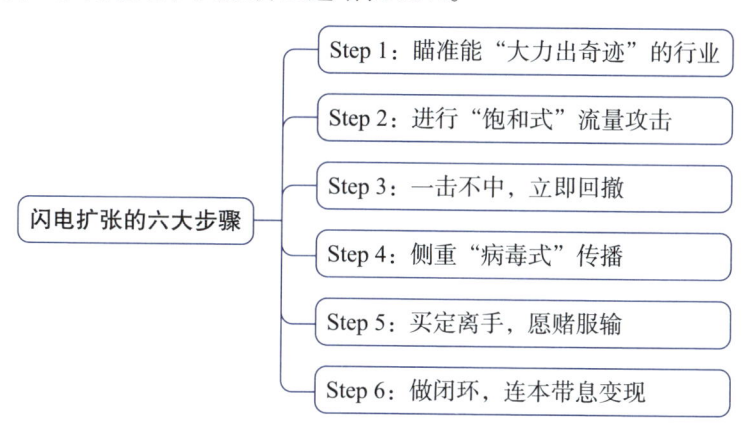

图 5　闪电扩张的六大步骤

【陈轩点评】

从趣店的闪电战打法中，笔者为创业者总结五点。

（1）互联网是有记忆的，创业要将心比心。你愿意你的孩子上大学时去借高利贷吗？

（2）绝对不要做纯品牌投放，要品牌、销售、粉丝、口碑四合一投放。要"急功近利"做品牌,"急功"就是迅速建立认知,"近利"就是要离钱近。

（3）**直播带货是趋势,要接纳不要抗拒。**

（4）资本驱动的闪电扩张,是增长的天花板,但其需要天时地利人和。99%的创业者都做不到,还是老老实实做产品,做好价值交换。

（5）创业者成功的经验,很容易变成未来发展的瓶颈。因为靠运气赚到的钱,也很容易亏掉,一定要警惕。

阅读心得笔记

军规 **04**

七步成诗，Step by Step 做增长

【案例拆解】

名创优品爆发式增长,走了哪些弯路

【背景介绍】

2013年成立至今,9年的时间里名创优品的门店发展了4749家,其中中国本土门店超2939家,海外已覆盖美国、加拿大、俄罗斯、新加坡、阿联酋、韩国、马来西亚等80多个国家和地区,海外共1810家店。2019年1月,名创优品定下了到2022年进驻全球100个国家和地区、全球门店数量扩大到1万家、营收规模超过1000亿元的目标。

全球疫情期间,名创优品也没有停下扩张的步伐,海外开店数量反而扩张到1200家。用一句话总结就是增长速度惊人,品牌影响力日益壮大。然而,就在2022年8月,名创优品却被权威媒体点名批评,陷入舆论危机。事实上,这已经不是名创优品第一次遭遇公关危机。为了实现高增长,这些年名创优品其实走了不少弯路。

【案例解析】

名创优品在增长策略上,属于典型的"七步增长法":低价引流、

军规 04　七步成诗，Step by Step 做增长

快速周转、货源垄断、爆款破局、明星带货、口碑裂变、加盟拓展。

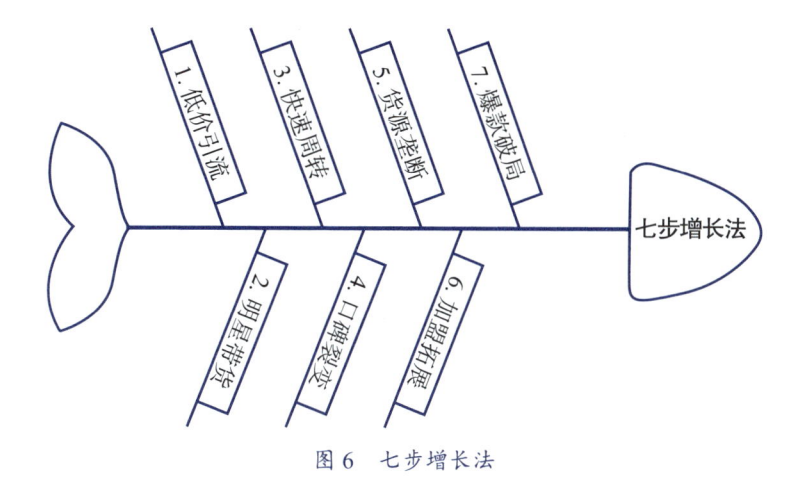

图 6　七步增长法

1. 低价引流

名创优品将目标消费群体定位为 18~28 岁的年轻女性，价格定位在 10~29 元及少量超过 29 元的产品。销售显示，名创优品 80% 的顾客的年龄在 40 岁以下，60% 的顾客的年龄在 30 岁以下。

2. 快速周转

名创优品通过分布在广州、武汉、沈阳等地的八大仓库中心和第三方物流，进行集中采购和统一配送，最大限度地缩短了工厂到店铺的距离，最终实现了中国的 21 天全区域周转。

3. 货源垄断

名创优品与供应商有着独特的合作模式，即"以量制价 + 买断定制 + 不压货款"。名创优品与供应商联合开发商品，买断版权，形成独家货源。在商品计划期内，根据市场需求，采购特定数量的产品，免去供应商的库存之忧。商品采购价则由订单量决定。此外，在供应商遵守上述约定的前提下，名创优品保证不压货款。例如，嘉诚公司成为其餐具产品供应商，瑞士奇华顿公司成为其香精供应商等。

4. 爆款破局

针对产品同质化难题，名创优品则通过打造爆款的方式解决。名创优品在全球有超过 400 名的时尚买手和研发人员，且开发出的产品须通过测试才能上到货架，这保证了产品能够在很大程度上满足消费者的需求，产品基本上是爆款。经过查询数据，名创优品的进店购买率达到 30%，可见爆款的威力。

5. 明星带货

2015 年，名创优品邀请明星作为自己的全球品牌代言人。策划出明星生日主题店、限定版的明星礼包，而且与 NBA、迪士尼、Hello Kitty、玩具总动员、漫威、奇奇蒂蒂、王者荣耀、Kakao Friends、故宫文化、芝麻街、复仇者联盟等全世界 58 个知名 IP 合作。

6. 口碑裂变

2015 年，名创优品不仅继续在各个国家雇用买手研究时尚潮流，还面向社会推出"产品体验官制度"。名创优品从 1100 万微信公众号粉丝中招募 5000 名产品体验官，提供产品供其免费试用。此做法不仅鼓励粉丝分享使用产品的感受，还希望他们参与产品的研发过程。这有利于名创优品吸纳顾客的意见，进而对产品进行不断改进和创新。

7. 加盟拓展

名创优品采用"品牌使用费＋货品保证金制度＋次日分账"的加盟模式。名创优品与加盟商的合作期限为 3 年，加盟商缴纳品牌使用费和货品保证金（与单一店铺的合作，品牌使用费 15 万元，货品保证金 75 万元；与拥有 3 家店铺以上的加盟商的合作，每家店铺的品牌使用费 10 万元，货品保证金 70 万元）。在这 3 年内，加盟商承担店铺租赁、装修、水电、员工工资、工商税务等费用开支，每日抽取前日营业额的38%（食品、饮料是33%）作为收益。合作期满后，名创优品如数退回货品保证金。在开店过程中，加盟商享有绝对的选择权，但是没有决策权。

以上是名创优品的商业模式，接下来回顾一下名创优品在疯狂做增长的过程中，所走过的五条弯路。

弯路一：抄袭。从企查查可以看到，名创优品的司法涉诉多达79个，各类侵权诉讼多达40个，起诉方包括曼秀雷敦、乐扣乐扣、NOME、PIY等。此外，还有多位插画师、设计师起诉名创优品侵权。"吃瓜群众"连段子都给名创优品编好了："Logo 酷似优衣库，店面酷似无印良品，产品线神似大创。"

弯路二：编造。名创优品宣称是由日本设计师三宅顺也先生和中国青年企业家叶国富先生在东京共同创办的。名创优品自诩为"日本设计师品牌"，但令人尴尬的是，名创优品这个商标在日本最早的申请日期是2014年4月22日，而名创优品2013年就在中国开出了第一家门店。据介绍，三宅顺也毕业于日本服装文化学院，与众多知名设计师都是校友，然而，曾有传言称在学校校友录里查无三宅顺也这个人。

弯路三：山寨。名创优品的商品，明明是中国设计、中国制造、中国销售，但无论是店招、购物袋、商品标签还是产品包装，都是让人一头雾水的日文说明。

弯路四：质量问题。名创优品自创立以来，因供应链管理问题导致品牌形象严重受损，陆续被通报过防晒霜质量不合格、眼影笔有害物质砷过量、腮红重金属锑超出标准值10倍、香水所含物质不符合规定、餐具被检出三聚氰胺迁移量不合格，还被查出口罩质量不合格、老花镜质量不合格等，就在 IPO（Initial Public Offering，首次公开募股）前夕，名创优品的一款指甲油被通报致癌物质超标 1400 多倍。

弯路五：加盟商压力大。 名创优品和加盟商的分成是，每天营业额的 62∶38；也就是营业额 62% 归名创优品，38% 归加盟商，每天结算。但加盟商付出的是押金 120 万元、保证金 75 万元和每年 8 万元的品牌使用费，动辄一个月几十万元的门店租金、几十万元的装修费、十几万元的员工工资、首批货款等。不投入两三百万元，根本开不起来。如果选址正确、一切正常还好，一旦选址错误，再加上新冠肺炎疫情的影响，加盟商更是血本无归。

截至 2021 年，名创优品全国门店 2939 家，加盟店达到 2934 家，加盟店占总门店数量的 99.83%，直营门店只有 5 家；国外 1810 家门店，加盟店达到 1705 家。仅押金一项，按照每家店 120 万元的押金计算，仅国内的加盟店，为名创优品沉淀的无息资金就达到 35 亿元。

名创优品本质上是一家轻资产运作的 B2B 企业，负责门店设计、产品设计、品质控制、员工培训、供应链管理。所以疫情之下，名创优品游刃有余，承担了重资产投入的加盟商却压力很大，连连叫苦。

【陈轩点评】

从 2014 年全国 3108 家、全年营收 3.59 亿元的"哎呀呀"，到 2022 年全球 4749 家、全年营收近百亿元的名创优品，名创优品的创始人叶国富实现了完美升级。

无论是七大增长策略，还是名创优品走过的五条弯路，我们需要明确的是：

军规 04　七步成诗，Step by Step 做增长

所有企业都在全力增长中走了弯路，也是在不可避免的弯路上伺机超车，没有完美的企业，只有不断升级迭代的企业。

阅读心得笔记

军规 05

四两拨千斤,切记要轻资产运营

【案例拆解】

海澜之家，如何精心锤炼自己的商业模式

【背景介绍】

受新冠肺炎疫情影响，其他服装企业纷纷关门倒闭，海澜之家却逆势增长：2019 年，海澜之家营收 219.7 亿元，同比增加 15.09%，净利润 30.13 亿元，同比减少 7.07%；2020 年，海澜之家营收 179.59 亿元，同比减少 18.2%，净利润 17.85 亿元，同比减少 44.4%；2021 年，海澜之家营收 201.88 亿元，同比增长 12.4%，净利润 24.91 亿元，同比增长 39.6%。

此外，海澜之家线下门店并没有大量关门，依然保持直营店 571 家、加盟店 4977 家的规模，直营店和加盟店的营业收入的比例是 1∶8，线上线下的总比例是 1∶6，利润总额年年攀升，门店会员突破了 1000 万。在如今哀嚎一片的情况下，这样的运营业绩，可谓抢眼。

【案例解析】

海澜之家的打法，笔者反复研究和洞穿过很多次，结论只有一个：海澜之家的商业模式和运营手法，绝对是商战中极其经典的案例。

海澜之家不是一家卖产品的公司，海澜之家逆势猛增的绝招是商业模式。

从 1997 年创立之初，海澜之家以打造"男人的衣柜"为定位，线上多渠道开通网上商城，线下用诱人的加盟政策吸引了众多加盟商，成功立足于中国服装界。

- 2014 年海澜之家正式上市，经过短短一年的时间，其市值估价便超过了 600 亿美元。
- 2018 年其门店遍布全国，达到 4700 家。
- 2021 年达到 5548 家。

海澜之家的商业模式，笔者用 14 个字来总结：托管加盟做渠道、委托代销来生产。

图 7　海澜之家的商业模式

一、托管加盟方式

在渠道建设上，海澜之家采用托管加盟的方式经营。

自己负责提供品牌和管理，投资者需要拿出 200 万元的费用加盟海澜之家，其中押金 100 万元交给公司总部，另外 100 万元作为店铺的装修费用和租金，以及员工的培训费。除此之外，加盟商还需要每年支付给海澜之家 6 万元的管理费用，而后加盟店的具体经营公司总部可以不必深入了解，但是所有门店的内部管理人员都由海澜之家总部进行培训，商品由海澜之家总部统一配送，全国统一定价。

供应商负责设计服装样式，交由海澜之家总部挑选审核后再下订单，采用赊销的方式将商品提供给海澜之家。

海澜之家与加盟商之间的销售业务则采用委托代销的模式，公司向线下门店提供商品，实现的销售利润加盟商抽取其中的65%，另外的35%则归海澜之家所有。

在这种运营模式下，加盟商几乎是坐享分成，只需要投入资金，交由海澜之家管理即可。

二、金融高手

笔者曾写过一篇文章：《任何商业模式的本质都是金融模式》。海澜之家不仅是商业模式高手，更是金融高手。

- 4977家加盟店，每家100万元押金，就是49.77亿元。
- 每年仅利息就能收4亿元。
- 每家店每年6万元的管理费，加起来就是2.986亿元。（现在押金已经取消了，对应的保底收入也取消了。）
- 每年预收加盟商的获客高达16亿元。
- 每年应付给供应商的获客高达67亿元。

有了这些钱，投资广告宣传，提升品牌价值，增加竞争能力，海澜之家做营销大动作，才能从容不迫。

三、委托代销模式

在生产上，海澜之家采用委托代销的模式，上游300多家供应商，负责生产设计；下游近5000家加盟商，负责销售。

在整个生产、销售、管理的流程中，海澜之家只需负责供应链的管理，这正是轻资产运营的优势所在。

海澜之家将服装的加工生产业务外包给了供应商，其自身不必建造生产车间，没有厂房、机械设备等固定资产，不会出现大量固定资产沉淀资金的问题。

数据显示,海澜之家的固定资产占总资产的比率是逐年下降的,从2010年的25.53%下降到了2015年的10.35%。固定资产的降低意味着企业流动资产的增多,资金灵活性很大,投资回报率更高。而且流动资产会提升企业的变现能力,在出现意外情况时企业可以较快速地获取资金来抵御风险。

换句话说,相当于供应商免费帮海澜之家生产,加盟商免费帮海澜之家提供资金建店,海澜之家将经营风险分摊到供应商和加盟商身上。

这便是典型的轻资产经营商业模式,这样的商业模式不仅使海澜之家节约了大量经营管理成本,更降低了商业运营的风险。

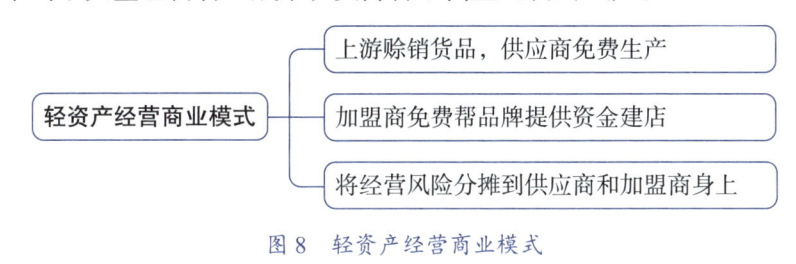

轻资产经营商业模式
- 上游赊销货品,供应商免费生产
- 加盟商免费帮品牌提供资金建店
- 将经营风险分摊到供应商和加盟商身上

图8 轻资产经营商业模式

【陈轩点评】

互联网营销时代,不再是一个埋头苦干、脚踏实地的时代,只有跳着走、蹦着跑、双脚悬空地飞,才能跟上时代发展的步伐。如何实现企业稳定、高速、持久地发展?首先,需要掌握轻资产的运营方法,沉重必将被淘汰。

以"轻资产"的方法扩张,将获得更强的盈利能力、更快的速度与更持续的增长力。"轻资产"就是阿基米德撬起地球的那个支点,与阿基米德不同的是,现在的我们,一手拿着杠杆,一手拿着支点，只是用或不用的问题而已。

所谓轻资产，就是平衡低成本和高效用的工具，用通俗的语言解释，就是"用最少的资金去撬动最大的资源，赚取最多的利润"。用更直白的话讲，就是"少花钱多办事，花小钱办大事，不花钱也办事，花别人的钱办自己的事"。

在这方面，海澜之家可谓达人。简而言之，海澜之家是一个"踩跷跷板"的高手，"扔玻璃球"的高手，整合资源借力打力的高手，将服装行业金融化的高手，上游赊销货品、下游财务加盟的高手。

阅读心得笔记

军规 **06**

垂直整合做闭环，首尾策应做增长

【案例拆解】

文峰"浩哥"价值 20 亿元的五大商业秘籍是什么

【背景介绍】

文峰"火"了。虽然这个"火"字是打引号的。其创始人陈浩在给客户做面部按摩时,他时而苦思冥想、时而畅爽癫狂的"六合还阳术",简直令人怀疑自己是生活在 2021 年,还是生活在 1202 年。

文峰虽然搞笑,但很多人有所不知的是,文峰是一家相当成功的美容美发连锁企业。文峰在全国开了 400 多家连锁店,拥有员工上万人,全年营业收入超过 20 亿元。平均一家店一年要做出 500 万元的销售业绩。

【案例解析】

让我们忽略文峰表面上的搞笑,直面它不为人知的商业真相。笔者根据多年实战营销经验,将文峰的成功抽丝剥茧直抓本质地提炼为五点,简称"文峰浩哥价值 20 亿的五大商业秘籍"。

军规 06　垂直整合做闭环，首尾策应做增长

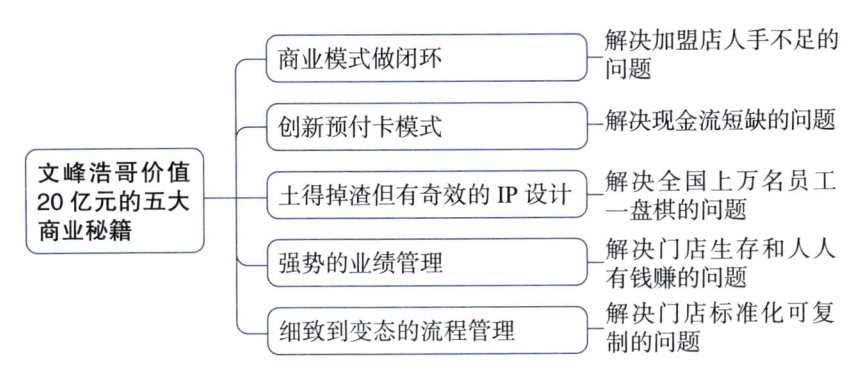

```
                    ┌─ 商业模式做闭环 ──── 解决加盟店人手不足的问题
                    │
                    ├─ 创新预付卡模式 ──── 解决现金流短缺的问题
文峰浩哥价值          │
20亿元的五大    ─────┼─ 土得掉渣但有奇效的IP设计 ── 解决全国上万名员工一盘棋的问题
商业秘籍             │
                    ├─ 强势的业绩管理 ──── 解决门店生存和人人有钱赚的问题
                    │
                    └─ 细致到变态的流程管理 ── 解决门店标准化可复制的问题
```

图 9　文峰浩哥价值 20 亿元的五大商业秘籍

一、商业模式做闭环，解决加盟店人手不足的问题

400多家门店在前端抓客户，文峰则在后端布局了生物制药厂、化妆品厂、医疗美容中心、网络科技公司、投资管理公司、中医药开发公司、健康咨询公司和职业技能培训学校等21家公司，实现垂直整合，赚取最大利润。

文峰的商业模式闭环做得非常好。

首先，年轻人先交两三万元的学费，去文峰职业技能培训学校学习技术和文峰的企业文化管理理念。其次，学习完后会被分配到文峰全国各地的门店，尤其是加盟店，去充当廉价劳动力；在帮文峰赚美容美发的钱和加盟的钱的同时，这些农村来的年轻人还得拼命地卖卡，拼命地推销文峰的化妆品公司、生物科技公司、医疗美容公司等的产品和服务。

前店后厂最后是学校，人力技术加产品，保健品、化妆品、美容美发个个都是高毛利，办卡续费充值，套路一环套一环。这种产业布局、业务嵌套和终端升单回款能力，说陈浩是万里挑一的商业奇才，一点儿也不过分。

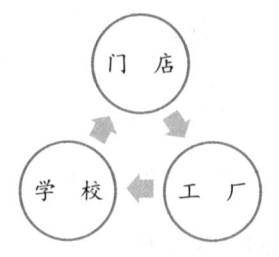

图 10 文峰的商业模式闭环

二、创新预付卡模式，解决现金流短缺的问题

很多人并不知道，美容美发行业第一个预付卡的发明人就是文峰的陈浩。2000 年，美容美发行业店面还处于发廊时代，陈浩为了发展连锁店，支持店面扩张，开始向客户销售预付卡来筹集开店资金。而后来将该模式发扬光大的却是扎根上海的"永琪美容美发"。

预付卡为什么会在上海形成？因为上海金融体系发达，做什么都喜欢办卡，上海人洗脚、吃饭都是预存，在消费习惯上他们喜欢精打细算。

预付卡模式最大的好处是能帮助文峰迅速将前期投入的钱先收回来。一般来说，上百万的前期投入短则几个月，多则半年，必须全部通过预付卡的方式收回，将风险转移到消费者身上。

例如，一家 500 平方米的店，年租金 120 万元，装修标准 3000 元/m^2，前期总投入 200 万元，要求每个月销售 30 万元才能回本。如果慢慢赚钱收回成本，简直不能想象。

但如果像陈浩这样采用预付卡的发展模式，一年内就能收回所有本金，甩掉风险和压力，一年后盈亏平衡，后面再慢慢赚业务上的钱。美容美发行业中预付卡的钱一般占营业额的 70%，这是一个普遍的水平。

一张账面价值 2000 元的美发预付卡，用 1000 元卖给消费者，推销的美发师会直接拿走 9% 的提成，也就是 90 元。而如果消费者使用这张卡消费了 100 元的服务，门店实收 50 元，美发师折腾半小时才能拿走 21%，即 10.5 元；一个张嘴赚 90 元，一个累半天赚 10.5 元，所以美发师都喜欢卖卡，不仅赚钱快，还赚得多。

同时，美发师的绩效考核主要分为业务和销售。其中美发师 10% 的收入来自底薪和奖金，90% 的收入来自销售提成。例如，总监发型师的任务就是每月至少 5 万元的销售额、点单率约 150 次，卖卡要占到办卡的 6 成。

这就是为什么大家进入文峰或者其他理发店，总有一种小羊羔进狼群的感觉。整个门店都是围绕预付卡的商业模式做的落地执行搭配。

三、土得掉渣但有奇效的 IP 设计，解决全国上万名员工一盘棋的问题

文峰的实际控制人陈浩，对外宣称自己是世界美容协会有限公司主席、中华十大管理英才、中国企业十大最具魅力培训师，还亲自创作歌曲《十颂浩哥》，把自己塑造成懂阴阳、雄心大、不怕难的英雄，被团队神话为"伟大的总裁、最爱的浩哥和美业的教父"。

门头上的半身像，简单直接粗暴。在如今崇尚简洁、时尚的时代，这位从事让人变美的事业的企业家一点儿也不美的做派，确实让人大跌眼镜。但无论我们怎么唾弃，也挡不住它在商业逻辑中的简单有效！

文峰的 IP 虽然土，但一定要注意文峰陈浩所立的人设是 ToB（面向企业）的，而不是 ToC（面向消费者）的。 文峰的公众号内容，也是给自己的员工和加盟商看的，不是给消费者看的。很多人并没有用心想过，在营销中，立人设是一个特别精深、特别复杂的技术活。

这件事的难度和费心程度绝不亚于一家百亿集团的企业整合庞大

的智库做一个 3 年战略规划，因为做 IP 除了需要懂市场、懂产品、懂策略、懂行业，还牵扯最终创意和审美的落地，在操作上更加复杂。

并不是大家所认为的找个好的拍摄团队、一个好的广告文案编写人员、一个好的形象设计师就能搞定的。如果这么简单，那么最先做起来的，应该是这些人，而不是企业家和创业者。

再强调一点，小学毕业的"50 后"陈浩，面对的是全国各地一万多名初中都没毕业的农村来的小员工和加盟商，以及 50 岁左右的消费人群。这注定了他的 IP 人设肯定不能立成懂禅宗的乔布斯和要上火星的技术钢铁侠马斯克。

陈浩的凝聚力只能让他将人设下探，与初中生水平的员工相联结；他的沟通只能建立在以神话故事会和玄幻小说为叙事手法的故事创意上；他的形象必须土得掉渣，而且要用在门头店招和 SI 环境设计上；他必须在公司成立宣传部，在总裁办制造思想产品，实现精神感召，让"浩哥"的指示成为凝固的价值观。

这个行业的从业人员绝大多数都是农村的孩子。文峰将销售压力压给他们，他们也需要发泄和舒缓压力，这就是美容美发、保险公司、微商 P2P 等行业的训话、跳舞、唱歌等群体性仪式格外严重的原因。

IP 是一个群体的成本最低的沟通语境和目标一致的利益共同体。 这里就不展开讲解了，实战过的，尤其是做过全国加盟实战的，自然都懂。

四、强势的业绩管理，解决门店生存和人人有钱赚的问题

文峰陈浩强势的业绩管理系统，才是藏在滑稽的蹦迪舞蹈冰山下的真相。可以说是文峰对外做 IP，对内做业绩，驱动着这个有着 400 多家门店、10000 多名员工的公司向前奔跑。

军规 06　垂直整合做闭环，首尾策应做增长

陈浩将全国门店按照区域划片管理，直营店和加盟店都被列入总部管理，每月定业绩任务和考核标准，每月公布各区域各门店的经营业绩，评比打分，前三名"给糖吃"，后三名"打板子"。

例如，文峰的大本营上海的业绩能占全国业绩的一半，2021年7月，上海门店的销售任务是8255万元，四川门店是1682万元，重庆10家门店的总要求是月销售额434万元。无论是直营店，还是加盟店，员工都是由文峰旗下的职业技能培训学校输送和提供的。

每名员工每天都有自己的销售任务和指标，如上海的文峰美容美发员工的每日任务是2000元，如果完不成就要从工资中相应扣除。

陈浩创立了一个特别保密的八大升单法：在帮顾客洗头发的过程中，以改善肌肤和头皮问题为切入点，劝顾客购买美容服务，等顾客购买了之后，再以管理亚健康为说辞，逐步让顾客将购买的服务升级到全身经络。

从洗头到头皮养护再到全身气血养护，顾客付出的代价迅速从几十元，上升到几千元甚至上万元。如果遇到充值几十万的顾客，文峰的高管会空降门店，亲自服务，继续劝说其充值。这种操作在文峰内部叫作招单。

如果顾客拒绝办卡，陈浩还设计了专门的话术，如"你能否告诉我，都已经这么大的优惠幅度了，你为什么还是不办卡呢？""我帮你申请了这么高的优惠条件了，你却这么对我，经理肯定会骂我"……在感情牌的攻势下，很多中年男性选择办卡。

人人有指标，全员做销售，个个背业绩。通过IP人设形成忠诚度和凝聚力，通过学校灌输思想和培训技能，通过向加盟店输送员工来控制

加盟店，文峰陈浩成功搞定了销售和渠道，从而在严苛的竞争中逆势增长。

五、细致到变态的流程管理，解决门店标准化可复制的问题

为了关注全国 10000 多名员工和全国的加盟商，陈浩提出了一个口号：流程到位，傻瓜都会；听话照做，成功在握。

将美容美发的每一个技术、话术、着装、穿戴和口号仪式等，都做了严密的规范、SOP（Standard Operating Procedure，标准作业程序）和操作标准。例如，将洗头、剪发、做脸、做身体、改眉、改唇总结为"浩哥+7 技术知识"、浩哥 9 大思想、浩哥 7 大兵法、浩哥 8 大升单法、浩哥 6 本书、王牌 9+6 等，还包括他发明的时而冥思、时而癫狂的"六合还阳术"。

如果员工不按规定流程自由发挥，换来的将是陈浩的点名批评。每天早上，员工都要身着统一的制服列队出"军操"，文峰试图把他们塑造成最易管控的"机器人"。正是这种细致到变态的流程管理，让全国 400 多家门店得以规范运营。

【陈轩点评】

使用类似文峰"浩哥"采用的增长方法的还有保险业，他们的套路差不多。笔者用三句话总结保险行业的增长模式：

（1）将招募来的新员工发展成客户。

（2）将新员工的三姑六婆、同学、同乡等熟人圈子发展成客户。

（3）开除没有利用价值的员工，再招募新员工，循环往复。

保险公司赚钱的发动机，就是员工的招募、培训、发展下线和优胜劣汰的循环往复。所以你会看到：保险公司永远在招人，甚

至你并没有投简历，它也会骚扰你。保险公司永远在开会培训，永远在讲梦想、讲一夜暴富。

笔者的几位营销合伙人，为了借鉴保险公司的玩法，都在不同时期加入过不同的保险公司，从最底层做起，获得了最新最宝贵的数据。

保险公司将员工分为四个等级：

- 入职 3 个月以内的员工占员工总人数的 1/3，主要培训保险理念，目的是让其给自己和家人朋友等核心圈子的人买保险。这一步就是将员工变成客户。

- 入职 4～6 个月的员工占员工总人数的 1/3，主要培训增员的理论，目的是告诉员工只靠自己是不行的，需要团队。这一步是利用员工来撬动其熟人圈子，将他们的三姑六婆、同学、同乡变成保险公司的客户。

- 入职 7 个月到 1 年的员工占员工总人数的 1/4，主要培训管理理论，让员工做组织发展，目的是让员工发展下线。让下线给自己的核心圈子和熟人圈子的人买保险。

- 入职 1 年以上的员工占员工总人数的 1/10，都是主任、高级主任和"千年老二"，这些人处于食物链的最顶端，他们主要研究如何让新人，也就是入职 1 年以内的员工出单和增员。

看出来没有？保险公司不做任何无用功。员工 = 客户，员工的至亲 = 客户，员工的熟人 = 客户，员工的陌生人 = 客户。保险公司的人事架构就是一步步利用员工的社交圈卖产品的过程，是典型的圈层营销。

保险公司也不做赔本的买卖。员工贡献自己的社交圈来完成销售任务，一旦圈子的资源被榨干净，不能继续创造客户，就会被抛弃。所谓铁打的主任，流水的新人。

新人进公司后第四个月之后就开始考核，每3个月考核一次。考核的标准是三个月最低卖出三单，每单必须在6000元以上，车险无论多少只能算一单。如果不达标，就得走人。

新人分为25岁以下的员工和25岁以上的员工。

（1）25岁以下的新人只有3个月的责任底薪，每个月的责任底薪是1200元，前提是当月的佣金要达到4000元，也就是说员工每个月要卖出1万元以上的单子。3个月之后连责任底薪也没有了，只有提成奖金。

（2）25岁以上的新人，前3个月的责任底薪是2500元，前提也是当月的佣金要达到4000元，也是每个月要卖出1万元以上的单子，如果达不到，从第四个月到第一年结束就只有1200元的底薪了。

以上是保险公司的薪酬结构。而且保险公司其实是没有底薪的，只有责任底薪，他们把责任底薪称为训练津贴。也就是说，保险公司并不给员工发钱，员工的所有薪酬都是自己挣出来的。为什么25岁以上的员工和25岁以下的员工的待遇不一样？因为社交圈的价值不一样。

接下来说一说保险公司开发客户的流程。首先，保险公司每个月都会有大小不等的创业说明会。定好日期后，一张门票10元，每人必须打20个有效电话邀约潜在员工，否则不让员工下班。会议的形式没有其他，就是让老员工现身说法：如何从普通的受尽委屈的人变成年入百万元的富人，然后开始讲各种福利待遇。

如果员工成功被洗脑，就安排员工进入 7 天的新人培训班，讲保险的伟大意义和功能，目的是让员工在 7 天培训结束后赶紧给自己和家人买保险。等员工给家人买完了保险，下一步就是让员工去做增员，拉新人进来卖保险。这时很多人就会走掉。

就这样，三五个月的工夫，员工的圈子被开发了几遍，其亲友变成了保险公司的客户，而整个过程，保险公司一分钱都不用出，就是搭建了一个平台，制定了一套游戏规则，却赚得盆满钵满。

阅读心得笔记

PART2

品/牌/突/围

军规 07

爆款切入，多品牌矩阵的打法

【案例拆解】

太二酸菜鱼，凭什么 7 个月就能收回投资

【背景介绍】

"太二酸菜鱼""九毛九"两个品牌同属九毛九集团，可谓如雷贯耳。太二酸菜鱼的 5 次翻台率直追海底捞，7 个月收回现金投资，令行业内震惊。对比两大品牌，九毛九集团旗下最火爆的餐饮品牌不是与公司同名、成立于 1995 年的"九毛九"，而是 2015 年才创办的"太二酸菜鱼"。

太二酸菜鱼的扩张速度惊人，逐渐在经营利润上超越九毛九品牌，并凭借其收入规模，在中国所有酸菜鱼餐厅中排名第一。

【案例解析】

笔者在北京、上海和深圳调研和走访过太二酸菜鱼、九毛九这两个品牌至少 100 家门店后，对太二酸菜鱼及其隶属的九毛九团队，从团队、产品、品牌、营销、成本、利润、趋势、期权激励等方面进行了全面的研究。

军规07　爆款切入，多品牌矩阵的打法

一、多品牌管理结构

九毛九集团旗下有五个品牌：

（1）以西北菜系为主的品牌"九毛九"。

（2）以老坛酸菜鱼为主的品牌"太二酸菜鱼"。

（3）以煎饼为主的品牌"2颗鸡蛋煎饼"（现已被"赖美丽"眉山藤椒烤鱼取代）。

（4）主营四川冷锅串串的品牌"怂"。

（5）轻奢粤菜品牌"那未大叔是大厨"。

根据招股书，九毛九公司旗下除了"2颗鸡蛋煎饼"，"九毛九""太二酸菜鱼""怂"和"那未大叔是大厨"均为自营品牌。五个品牌中，九毛九品牌的收入在西北菜餐厅中可以排到第一名；太二酸菜鱼在酸菜鱼品类中的排名也是第一。两个品牌占据两个品类第一名，符合多品牌和多业务策略中的"数一数二"军规。

> "数一数二"军规由GE（通用电气公司）前CEO韦尔奇提出，是指在全球竞争激烈的市场中，只有领先对手才能立于不败之地，任何企事业组织存在的条件就是在市场上"数一数二"，否则就要被砍掉、整顿、关闭或出售。

图11　"数一数二"军规

二、五大品牌剖析

1. 九毛九品牌

九毛九集团的老品牌叫"九毛九"，我相信职场中人，尤其是广州人，对"九毛九"的印象会特别深，因为九毛九集团就是从广州发家的。"九毛九"以中国西北菜系为主，融合了中国其他地区的饮食风格。作为山

西人，笔者对这个品牌的印象最深。我最喜欢吃他家的干锅焖面，那是笔者老家的经典菜，主要就是扁豆、面条，蒸出来特别好吃。

"九毛九"的品牌调性就是放心，目标消费场景主要是公司聚餐和家庭，人均消费不高，50～70元，餐厅面积在250～400平方米。目前的店面一共有143家，这是九毛九集团的第一个品牌，目前已经做到了西北菜的第一名。一线城市每家店每天的营业收入在3万元左右，新一线、二线和三线城市每天的营收有2万元，餐厅数量主要聚集在一线城市。最近几年，九毛九品牌有些老化和衰落，随着"西贝莜面村"和杭州菜的崛起，显得有些力不从心。

2. 太二酸菜鱼

太二酸菜鱼主打老坛酸菜鱼，因为其口味独特，在全国很受欢迎。它的目标客户是年轻的职场人和学生，客单价为70～90元，店面面积是200～300平方米。目前全国共有121家门店，发展相当迅猛。

一、二线城市每家店每天的营收有4万元，新一线和三线以下约为3.5万元。明显比九毛九品牌势头更猛，餐厅数量聚集在一线和新一线城市。营业收入是翻着跟头往上涨，2016年6000万元，2017年2.4亿元，2018年5.4亿元，2019年半年就做到了5.3亿元，是真正的明星爆款品牌。

3. 2颗鸡蛋煎饼

"2颗鸡蛋煎饼"一看就是想做小店，客单价只有20～30元，主打的就是煎饼，调性是健康方便，主要面对学生和年轻的白领。它的店面面积更小，只有10～40平方米。它目前开展了加盟业务，直营店有21家，加盟店有41家。它的加盟方式很有意思，就是鼓励员工加盟，免2万元保证金,免3万元加盟费。因为一下子就省掉了5万元的成本,所以员工的加盟热情很高。

4."怂"冷锅串串

"怂"冷锅串串,是图形注册。怂,上面两个人,底下一个心,取"人人都喜欢"之意。其品牌调性是时尚聚会场所,也是主要面向年轻顾客,人均消费为50～70元,建筑面积为100～200平方米。该品牌目前处于试水状态。

5. 那未大叔是大厨

"那未大叔是大厨"走的是精品粤菜路线,品牌调性是有品位的大厨,做IP,目标客户群体是中高端消费群体,人均消费100～150元,店面面积300～500平方米。目前也属于试水状态。

五个品牌中,九毛九和太二酸菜鱼的收入占比超过了98%,这两个品牌主要开在购物商场。但有一个很关键的数据跟大家分享一下：太二酸菜鱼的翻台率是4.29次/天,已经远超海底捞——2020年海底捞的翻台率为3.5次/天。

在定价策略上,九毛九集团按照"同市场同品牌同餐厅同价"策略进行定价,如北京的"九毛九"价格都一样,但天津的"九毛九"、南京的"九毛九"则是另一个价位。九毛九集团的供应商管理,笔者觉得也很有功力,包括中转仓、中央厨房、POS和ERP系统,都做得相当好。

三、品牌经理负责制

"九毛九"的大本营身处市场经济的前沿阵地——广州,品牌管理采用的是类似宝洁集团的品牌经理负责制。五位品牌经理各自负责一个品牌,包括运营、产品开发、产品推广、人力资源、调研,五位品牌经理统一向一位执行董事汇报；同时，总部派出一位轮值总经理，负责职能部门的配合和协调，如工程、采购、中央厨房、信息技术、财务等，形成矩阵式的管理和策应。

同时，为了对品牌经理进行真正意义上的授权和激励。九毛九集团给品牌经理及其团队15%～20%的股权，这一点特别值得注意。

2005年，四个人创立的"九毛九"，大股东占了88%的股份。7年之后，一切发展顺利，他们就开始做股权激励了：把公司10%的股份，以10万元的价格卖给了七位高管。而此时公司估值不过100万元而已。这是典型的内部激励。

2014年，九毛九集团以7000万元的价格，把10%的股份卖给北京和谐成长投资中心（有限合伙），同时把0.57%的股份基本上算是白送给了品牌经理罗晓军。

解放团队的生产力，是CEO的第一要务。善于且勇于分享利润，才是一个企业成长、做大做强的秘诀。

四、选址标准

这里要特别说一下九毛九集团选址的九大标准：

- 商业区的位置。

- 商业区的人口密度。

- 商业区的年龄分布、平均可支配收入及消费者人群。

- 商业区内消费者的消费模式及用餐习惯。

- 商业区内其他餐厅的位置。

- 高峰时段估计的客流量。

- 楼宇结构、可用的停车场及广告牌数量。

- 租金费用及估计的投资回报率。
- 商业区竞争者的数量及性质。

这种细致科学的选址，在商业中并不新鲜，关键拼的是执行力。能不能做出数据，才是关键。九毛九集团 2005 年才成立，发展了 18 年，这个团队在餐饮的认知和执行上特别专业，而且善于融会贯通，他们的执行力令人佩服。

五、成本控制

为什么现在餐饮难做？难做在哪儿？ 从 0 到 1 时是最难的！从 0 到 1 的过程中，创业者带领着一个小白团队，中间要交大量学费，要在开店、关店的过程中，把自己的核心竞争力和适合的菜品磨合出来，同时需要大量的资金支持，所以，这个阶段的餐饮业，是高纬度的竞争行业，不是单纯靠轻资产就能够撬动的。而且，餐饮创业还牵扯供应链管理的问题，如果供应链管不好，成本就会增加。

太二酸菜鱼目前的成本结构为：原材料和耗材占 35%，员工成本占 26%，折旧占 12.5%，租金占 1.7%，水电占 4%，广告推广成本占 0.7%，外卖服务费占 4.1%，整体控制得不错。净利润维持在 20% 左右，是很健康也符合常态的经营利润。

其中，租金只占了 1.7%，让人特别吃惊。商场的店铺一般有两种租金方式，一种是固定租金，另一种是流水分成，太二酸菜鱼更多还是靠分成走的，如营业收入的 30%，商场要分走当租金，所以它的租金成本才能做到只占 1.7%。

而 0.7% 的广告推广成本，更是可以用"极低"来形容。由此可见，就餐厅企业而言，投入租金卡位卡流量，可以省去不少线上进行广告推广的成本。所以，不要盲目相信线上流量的神话。

六、口味设计

太二酸菜鱼的口味，又酸又辣又麻，具有成瘾机制。因为辣味本身是一种痛觉，大脑会分泌多巴胺，让人快乐起来。某种意义上就相当于"吸毒"，所以容易上瘾，营销学上称为品牌驯化，是产品设计中深层次的设计。任何创新都是水平思考，一定要把其他行业、其他领域、其他学科专业中，最精华的东西拿过来，以辅助整个公司提升，也称为多元思维模型。

七、资源整合

九毛九集团的个人股东中有一个响当当的名字——高德福。他是"喜家德"水饺的创始人，正是他带领着"喜家德"从赔本5年做到行业老大的。"喜家德"可谓中餐连锁中做得相当成功的一个品牌，它的加盟店甚至超过了直营店。

高德福占股3%，别小看这3%！在他的影响下，其他品牌也开始投资九毛九集团，"同行是冤家"的魔咒就此被打破。创业一定要先想办法让核心的强人加入自己的团队，这样才有可能做起来。能把同行拉进来做股东，接下来的创业道路就会好走很多。

八、技术支持

太二酸菜鱼能够快速发展还离不开一个关键因素——技术支持。像POS系统和ERP系统，还有线上学习系统，其成本都非常高。九毛九集团的员工总数大约1.3万人，其中餐厅一线员工占了绝大多数，管理人员加起来大约450人。450人管理上万人，效率极高的根源就在于这些系统工具。

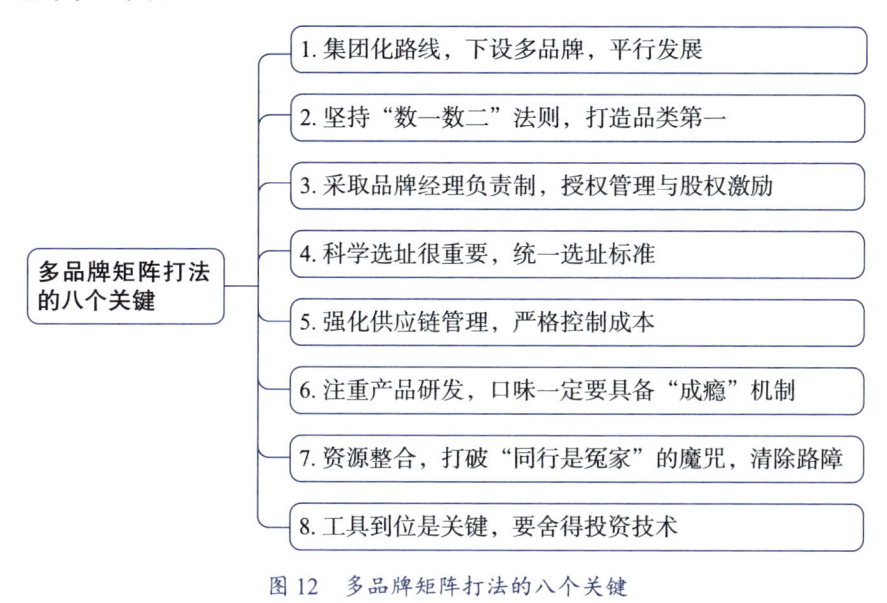

多品牌矩阵打法的八个关键
1. 集团化路线，下设多品牌，平行发展
2. 坚持"数一数二"法则，打造品类第一
3. 采取品牌经理负责制，授权管理与股权激励
4. 科学选址很重要，统一选址标准
5. 强化供应链管理，严格控制成本
6. 注重产品研发，口味一定要具备"成瘾"机制
7. 资源整合，打破"同行是冤家"的魔咒，清除路障
8. 工具到位是关键，要舍得投资技术

图 12　多品牌矩阵打法的八个关键

【陈轩点评】

餐饮行业虽然竞争极其激烈，但总体发展趋势还是在逐年扩张的。有三个数据：

2014年餐饮市场总收入达28925亿元，并以每年10%的速度复合增长，2021年为42716亿元，预计2024年会增长到710582亿元。说明了什么？这个市场还是特别大的，对于没技术没专业就想挣一碗饭钱的创业者，餐饮行业还是一个相对而言可以切入的领域。

这里聊聊餐饮行业的驱动力问题。一个行业如果失去动力，就没法做。餐饮行业的首要动力当然是城市化，城市化应该还能跑10年，如果没有把农村的人吸引到城市这个过程，没有把大家从繁复琐碎的家庭生活中吸引到城市社交环境中，餐饮行业就发展不起来。这是餐饮行业的第一个动力——城市化。

城市化带来了什么？那就是餐饮行业发展的第二个动力——购物中心的崛起。

购物中心是目前而言线下最重要的一个流量卡位。几乎所有行业都需要在购物中心里"蹭流量"，不管是做音乐、培训教育、产品品牌、高端奢侈品，还是平价服饰，任何品牌要想做起来，都需要在购物中心获取流量。购物中心，就是传统集市的现代版。这么一说，大家应该就理解了。

哪里有流量，哪里才有销量；哪里有销量，哪里才有声音。目前全国大约有5800家购物中心，这个既定的数字，意味着什么？意味着任何行业的竞争都极其惨烈！因为只有5800个点位，产品再好，进不了购物中心，就无法强势崛起。

现在在街边开店，很难开下去，为什么？因为街边没流量，无法支撑销量。购物中心在商界的位置日益重要。在20世纪90年代和21世纪初，超市是极其重要的。随着超市的崛起，蒙牛等品牌也跟着崛起。此一时，彼一时。

餐饮行业的第三个动力来自生活方式的改变。现在外出就餐和点外卖的生活方式越来越流行。这个毋庸赘述。

第四个动力就是线上社交媒体的发展。社交媒体带来了粉丝经济，运营中60%都有水分，平台作假厉害。太二酸菜鱼也是粉丝经济的玩法，其微信公众号有百万粉丝，其拥有300多个微信群。

第五个动力是新技术，如电子支付、在线预约等。这些新技术让钱更顺畅地到了商家的口袋中，让服务更顺畅，让消费者更容易买到，让企业效率大幅提升。

军规 07　爆款切入，多品牌矩阵的打法

阅读心得笔记

军规 **08**

社交电商模式做品牌

【案例拆解】

从年销售额上千亿的SHEIN，看服装品牌的营销突破之道

【背景介绍】

一方面国际贸易保护主义捣乱，另一方面市场需求放缓，导致近年来国内服装行业形势十分严峻。2018年，全国服装零售总额同比下降5%，首次负增长。2019年，全国主营业务收入2000万元以上的企业利润总额同比下降10%。2020年至今，多个服装品牌陷入关店潮：七匹狼关店2000多家；贵人鸟债台高筑，破产重组；班尼路关店3000多家；拉夏贝尔从近万家店关得只剩几百家；潮流鼻祖BOY LONDON关店清仓；达芙妮巨亏；百丽退市；美特斯邦威关店数千家，陷入退市窘境；真维斯、佐丹奴被逼退到五环外……

然而就在传统服装企业哀鸿遍野的同时，电商服装企业却在逆势增长。典型的案例就是跨境B2C快时尚品牌SHEIN，于2008年成立，以自建网站、自主App和亚马逊为渠道，销售服饰、鞋、美妆、家居等多个品类，辐射全球2000万活跃用户。2020年，其营收100亿美元，同比增长250%；2021年，其营收160亿美元；2022年，其入选福布斯2022中国创新力企业50强。

【案例解析】

由于主打欧美市场，加上创始人团队鲜少露面，所以关于SHEIN的报道比较少。2022年，SHEIN才以"中国最神秘的独角兽公司"的身份引发关注。作为中国跨境电商巨头，SHEIN的运作模式其实很成熟。简单梳理一下，SHEIN的成功有三大关键因素。

```
                              ┌── 供应链整合管理优势
SHEIN 成功的关键因素 ─────┼── 数字化营销运营优势
                              └── 独立品牌和自建网站优势
```

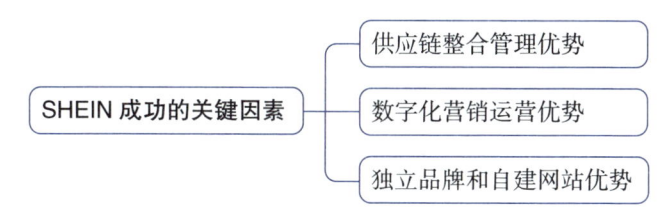

图 13　SHEIN 成功的关键因素

关键因素一：供应链整合管理优势

SHEIN拥有超过300家成衣供应商，培养了100多家面料辅料供应伙伴。通过与中小供应商建立高黏性、高新人的合作，SHEIN建立起完善的柔性供应链生态，保证SHEIN 365天的上新率，日均上新5000～7000个SKU（Stock Keeping Unit，最小存货单位），成品交货3～7天，爆款加单仅需3～5天。所售商品全部空运给消费者，保证全球220个国家和地区都能在6～11天到货。

关键因素二：数字化营销运营优势

SHEIN的创始人许仰天是做SEM搜索引擎营销出身的，是线上营销的高手。其Facebook和Instagram个人账号的粉丝都超过了2000万；移动端的流量占比达到72%；页面跳出率达到39%，爆款率为50%，滞销率为10%。

关键因素三：独立品牌和自建网站优势

SHEIN踩准了网红经济，是移动互联网浪潮的真正受益者。2008年，

SHEIN 一上线就要展现自己的品牌形象，直接建立独立网站。因为流量太少，不得不借助亚马逊平台销售。

2012 年，SHEIN 投入巨资升级独立网站，直到 2013 年，这一年对 SHEIN 是最关键的一年。它采用联盟营销，以 10%～20% 的分佣激活 KOC（Key Opinion Consumer，关键意见消费者）和 KOL（Key Opinion Leader，关键意见领袖），获得大量引荐流量和知名度，一战成名。

为了承接社交平台的流量，增强转化，SHEIN 在 2018 年将 App 划分为时尚购物中心和品牌专卖店两大板块，在产品设计、视觉美学和购物体验上整体把控，持续提升转化和黏性。

社交平台带来的不仅仅是流量，在设计上，SHEIN 在 Facebook、Google 和 Instagram 等平台获得时尚元素指导设计及选品；SHEIN 充分运用时尚元素，支持各区域本土化运营；在品类上，SHEIN 以裙装作为突破，以在同一版型上进行不同的印花来实现款式数量的提升。

【陈轩点评】

传统营销模式为什么斗不过社交电商模式？

（1）成本结构不平等。电商从工厂到消费者的 DTC 模式，不但利润大，而且价格低，除了给平台抽佣，就是吃独食。传统服装企业用渠道裂变做增长的四板斧：批发、代理、加盟、托管。二批、零售、省代、市代、加盟店、托管店，个个叫苦，层层分利，企业的利润被吃干净。

（2）目标客户范围不平等。传统服装企业是跑马圈地，攻城略地。成本高、时间长，以点带面，辐射范围极其有限。而电商是立体扩展，爆款出击，一出手就是全国市场。借助成熟的物流配送体系，电商攻占的就是全国乃至全球市场，追求的就是指数级的增长。

（3）转化率不平等。传统服装行业是旧营销打法，先有产品后有消费者，或者打品牌形象，或者打低价促销，或者雇用水军强行种草，导致客户忠诚度低。漏斗模式，层层筛选，转化率低、库存大，大量的资本和精力都被浪费了。而如今先进的社交电商打法已经不再是开车推流，而是围绕精准圈层采取原生广告种草吸粉、定制产品、客户参与、品牌共建、众筹生产和直播变现的方式，最后的结果是转化率高、口碑好、库存低。

阅读心得笔记

军规 09

颠覆式创新在中国互联网领域的最佳试验

【案例拆解】

拼多多从"五环外"到"电商一哥"的突围

【背景介绍】

拼多多成立于2015年9月,仅仅用了3年的时间,通过用户发起和朋友、家人、邻居、陌生人等的拼团,以更低的价格拼团购买优质商品的创新方式,于2018年7月成功登陆美国资本市场,夯实了"社交电商"第一品牌的地位;又用不到2年的时间快速超越淘宝和京东,成为中国第一大电商平台。

截至2020年底,拼多多年活跃买家数达7.884亿,成为中国用户规模最大的电商平台。拼多多从"野蛮生长"到"电商一哥"之路,是颠覆式创新在中国互联网领域的最佳试验。

【案例解析】

在淘宝和京东两位"老大哥"深耕电商多年、地位稳固的前提下,作为新入局者,拼多多是如何突出重围的呢?

笔者的答案是:"边缘市场切入+社交裂变获客+拼团反向定制"的商业模式创新(见图14)。

军规 09　颠覆式创新在中国互联网领域的最佳试验

```
                          ┌── 边缘市场切入 ── 避开行业巨头的主战场
颠覆式打开市场的创新模式 ──┼── 社交裂变获客 ── 通过人际裂变低成本获客
                          └── 拼团反向定制 ── 把库存转嫁到消费者身上
```

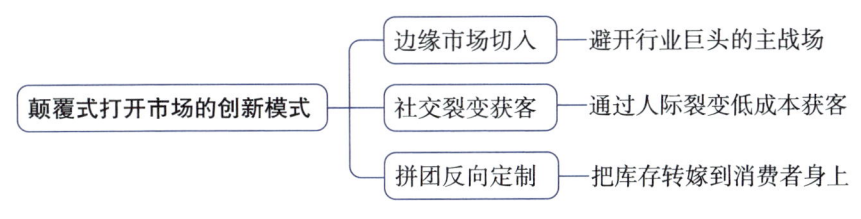

图 14　颠覆式打开市场的创新模式

一、边缘市场切入

拼多多避开京东、淘宝重点布局的一、二线城市，从边缘的四、五线城市切入，从而避开巨头的锋芒，进入一片新的蓝海，给自己留足了发展空间。

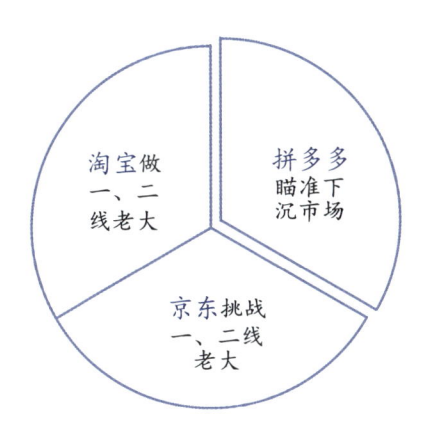

图 15　拼多多、京东、淘宝的布局

二、社交裂变获客

拼多多借助腾讯的战略投资和微信的流量扶持，在社交网络上以人际裂变的方式，获得充沛且低成本的流量。

三、拼团反向定制

笔者认为，拼团反向定制是拼多多商业策略中最闪亮的部分。传统的工业化生产，供需不匹配是常态，企业或者失去了客户，或者产生了库存。通过拼团折扣、限时限量、分段定价、熟人背书的形式，帮助拼多多将隐藏在手机里真实的需求集结起来，形成巨量定制的 C2M 的产销模式。这种新模式，既帮助企业减少了库存，又抓住了每个交易机会，也帮助消费者节省了钱，最后为拼多多积攒了忠实的用户。

这是一个多赢的结局，也是拼多多颠覆式创新的题眼。黄峥曾提到了拼多多发展过程中经历的两个重要阶段。

第一个阶段，通过农产品上行为农户增加收入，为城市居民提供实惠。

第二个阶段，通过工厂 C2M 直销提高商品的性价比，给普通人提供买得起的、升级、生活的产品。

拼多多的最终模式就是让上游能够批量定制化生产。

凭借颠覆式的商业模式创新，拼多多拿下了京东和淘宝放弃的中小卖家和边缘市场，3 年时间斩获 3 亿活跃用户。

成功切入只是创业成功的第一步，最终能不能活下去，还得实现从边缘到中央、从低端到主流的蜕变，避开竞争只是暂时的，正面死磕在所难免。那么，拼多多又是如何解决这一生死命门问题的呢？

拼多多没有拿自己的优势和对手死磕，因为仅仅价格便宜，这一个理由其实很难让一、二线城市的用户抛弃京东和淘宝。拼多多接下来所做的是：扭转"低质量""山寨产品"等负面形象，在保持价格优势的前提下，将客户体验做上来，将产品质量提升起来。这是其争抢一、二线城市用户的关键，也是打败淘宝、京东，成为真正的"电商一哥"的关键。

在扭转形象的过程中，拼多多做了一个大尝试，就是不断和苹果之类的高端品牌合作，以巨额补贴的形式，抓住一、二线城市的用户。这被证明是最有效的获客方式之一。但是这种做法只能偶尔为之，长时间做恐怕成本就会成为大问题。

拼多多想要突破目前的瓶颈，笔者认为可以实施"颠覆式再创新的三步走"策略。

第一步：将"优质低价"进行到底。

拼多多在之前的发展过程中，至少已经将"低价"关键词打到了消费者的认知里。如何将"优质"这个关键词嵌入消费者的脑海，是拼多多下一步营销的重点，也应该是起手式。

第二步：将"商业模式创新"进行到底。

面对淘宝、京东的强势，拼多多要做的绝对不是跟进、强化和模仿，这样永远也超越不了巨头，而是创新，不断地创新和颠覆：从消费者、企业、产业等宏观层面进行思考，充分地借势下一波"工业4.0"和"人工智能"等大风口，将商业模式的持续的颠覆和创新进行到底。

第三步：将"技术创新"进行到底。

在即将到来的万物互联时代，固守电商平台这个狭窄的市场难有大作为。很明显，拼多多现在面临巨大的瓶颈和挑战，但中国有句老话"功夫在诗外"，技术所带来的创新力，一定不能轻视。

品牌做的是细分市场里标新立异的价值主张，而平台更考验不同发展阶段的生态演化。如何将社交电商与5G、VR、IoT等新技术相结合，超越原有的"人与人、人与货"的连接方式，创造一种全新的交互方式，这一定是一个激动人心的命题。

如何探索出一条走出电商平台、回归商业本质的差异化之路，也许会成为拼多多未来发展和自我突破的核心驱动力。

【陈轩点评】

拼多多玩的其实是社交裂变营销，通过激发用户邀请好友，进行裂变式传播，从而实现以老带新、存量带增量的营销效果。社交裂变营销是一种低成本、高效率的获客方式。

社交裂变营销的核心是裂变模式的设计。拼多多的"砍价功能"巧妙地将游戏化流程与裂变式传播和折扣激励相结合，让用户自发地成为品牌方的传播者，用低成本实现了在朋友圈中广泛的传播和获客。

这种方式为拼多多带来了毁誉参半的影响，而且是很多企业学不来的。其实还有很多裂变模式，创业者可以借鉴。

（1）让用户将活动链接或活动海报分享到朋友圈，这是最初级的裂变方式。

（2）邀请裂变，如会员介绍新会员，一旦新会员注册成功，介绍人就会收到福利。

（3）共同组团享受福利，这就是拼多多的拼团，社群营销中的团购。

（4）佣金分享，用户只需推荐好友购买，或者发展下线完成交易，从而赚取佣金的裂变方式。

（5）社交分享裂变，如通过生成成绩单、账单、成就奖章、荣誉证书、打卡记录等海报的 H5 海报方式，实现自动分享裂变。

（6）内容裂变，这是最高段位的裂变方式。搭建内容团队，不断创造内容，用内容吸引用户。

军规 09　颠覆式创新在中国互联网领域的最佳试验

阅读心得笔记

军规 **10**

顺势而举,做时代需要的品牌

【案例拆解】

谁能拯救钟薛高

【背景介绍】

2022年7月5日,据中国新闻周刊视频报道,一段网友用打火机点燃钟薛高雪糕疑似烧不化的视频引发社会强烈关注。对此,上海市市场监督管理局对钟薛高雪糕进行了调查。加上打假人王海高调质疑钟薛高,"18元钟薛高成本仅1.32元!"让钟薛高备受质疑。

2018年3月,钟薛高在上海成立,作为一家成立4年的公司,钟薛高能成为如此高增长、国民皆知的"网红品牌",与其创始人林盛的营销经验(林盛是业内知名的广告人,曾经帮助多家知名品牌设计广告)、消费升级(2018年是消费升级概念最火的一年)、资本扶持(成立当年相继获得真格基金、峰瑞资本参与的天使轮融资,以及天图资本、头头是道参与的Pre-A轮融资)不无关系。但是,即将转战线下的钟薛高,未来发展困难重重。

【案例解析】

有朋友问:"钟薛高作为一家成功的互联网品牌,能不能专注线上,服务好现有客户，不要发展线下呢？又苦又累还得不到好处？"

钟薛高 2020 年销售额 4 亿元，2021 年销售额 8 亿元，线上销量确实优秀，但相较于线下 2000 亿元的雪糕市场，只占到 4‰ 的份额，销量简直可以忽略。要知道，**伊利雪糕一年可以轻轻松松实现 71 亿元的营收**。

雪糕的冷链物流成本高昂，钟薛高不能完全指望线上。这几年钟薛高加急布局线下，已经建立 40 万个售点，但即使这样，也只启动了全国总售点的 3%。

做过快消品实业的人都知道，售点数量和销售额成正比。可以说，有多少售点，就有多大的销售额。在资本的规划中，如果钟薛高想冲击百亿销售额，那么其线下售点得冲到 500 万个，是目前的 13 倍，可谓任重而道远。

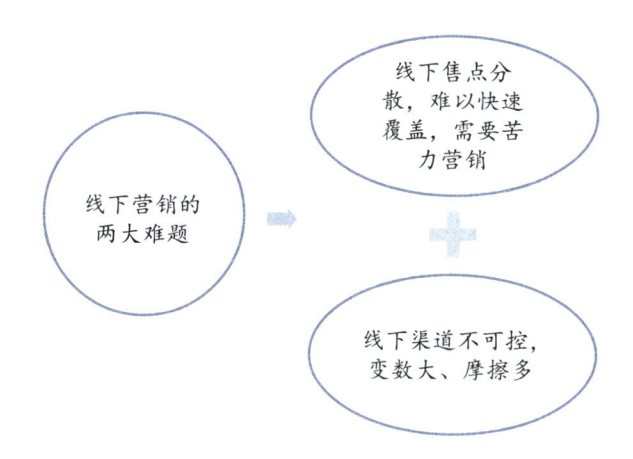

图 16　线下营销的两大难题

自 1990 年至今，中国的消费市场可以分为三个阶段（见图 17）。

图 17　中国消费市场的三个阶段

10年前快消品前五名的销售额能占到行业总销售额的50%，而如今只占27%，头部品牌几乎一半的市场份额都被小而美的新品牌占据了。消费分级时代已经来了！

雪糕冰激凌行业也是如此。过去，伊利、和路雪、蒙牛、雀巢占了50%的市场份额。如今，它们的市场正在被钟薛高等新品牌所瓜分。但雪糕牵扯到的冷链物流，又是场景极强的随机冲动消费，线下场景是大头。

以钟薛高为代表的新品牌，必须逐渐走出纯DTC打法，抢占680万家夫妻老婆店、600万家餐饮店、12万家便利店、22000家大型连锁店，拼命挤入全国1200万个售点。唯有如此，才能突破百亿销售额，成为伟大的品牌。

总之，钟薛高真正的考验在线下。从创业营销的角度讲：

- 对于钟薛高的打法，笔者的评价是：靠谱，但需有敬畏心。
- 对于钟薛高的现状，笔者的评价是：无奈，但需目光长远。

首先，笔者认为钟薛高的市场打法是靠谱的。笔者之前给西北某位企业家做过类似的策划，也专门总结过创业公司一定要进入高毛利、高增速的小市场。

钟薛高作为后来者，需面对伊利、和路雪、蒙牛、雀巢等将渠道费用拉到飞起、把终端围得如同铁桶的现实，要想突围，打法必须极尽差异化：概念极锐利，形象极鲜明，必须借助互联网平台打破原有的商业模式和行业格局，必须从商品属性进入社交属性，必须给自己打上高价格、高质量的标签（见图18）……如此，才能实现指数级增长。

军规10 顺势而举，做时代需要的品牌

新品牌突围术
- 切入高毛利、高增速的小市场
- 产品概念要锐利
- 品牌形象极鲜明
- 借助互联网颠覆传统模式
- 从重商品属性到重社交属性
- 打上高价格、高质量的标签

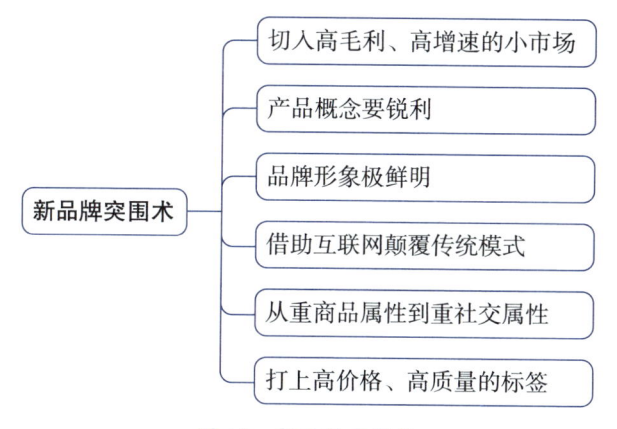

图18 新品牌突围术

为什么说钟薛高需要有敬畏心呢？敬畏是敬畏市场、敬畏时代、敬畏信息扁平圈层口碑的现状。钟薛高成立4年，7次涉及虚假宣传这件事，无论如何，都需要重视和反省。

为什么说钟薛高无奈呢？笔者用18年创业营销实战经验来算一笔账。

钟薛高的生产成本中，代工费保守估算占30%，物流成本占10%，这是硬支出，而且是冷链，只多不少；渠道成本尤其是便利店渠道，保守估算占40%；留给管理的费用和销售的费用加在一起只有20%。

所以，即使卖到8亿元，估计钟薛高目前也只是赔本赚吆喝的状态。而且牛奶、淡奶油等原料成本持续上涨，便利店的条码费、陈列费，少则几千元多则几万元，前后台费用动不动就40%起跳，还有经销商货损退货、账期等成本，钟薛高赚钱，并没有大家想象中的那么轻松。肉没吃到，现在还被全民架在火上烤，有苦难言。

大家抱怨的"雪糕刺客"，应该由零售商店负责，明码标价是其基本义务。现在的平价雪糕，线下渠道都不愿意卖，因为忙了半天赚不到钱。渠道不接货，消费者自然买不着，这就倒逼着厂商生产高价雪糕。

还有就是雪糕不融化，甚至烧不化的问题，这个涉及增稠乳化剂的专业知识。只要在国家规定的剂量要求内，就是安全的。

最后，为什么笔者劝钟薛高需目光长远呢？因为**没有品牌的时代，只有时代的品牌**。"钟薛高"既然取自"中国的雪糕"的谐音，紧跟国家发展和社会发展状况进行产品迭代是必须的。

举个例子，1997年，顺风顺水的宝洁就特别紧张，因为中国出了一个新品牌——雕牌。雕牌是1968年成立的地方国营化工厂，1993年改制，2000年销售收入25亿元，雕牌洗衣粉用一年的时间登上了市场第一的宝座，占据了40%的市场份额，肥皂占67%的市场份额。

各项经济指标连续11年稳居全国行业第一，原因只有一个：适应社会大势。雕牌是1997年崛起的。1997年金融危机爆发，国企改革启动，大量工人下岗，用不起宝洁产品，雕牌趁势崛起，其广告语是"只卖对的，不卖贵的！"

【陈轩点评】

很多善于线上营销的创业者，在转战线下营销时会发现：线下营销比线上营销难做多了。线上玩DTC、做内容、烧流量，只要把控好资本预期、管理好ROI、做好正循环，就能迅速起量，模仿难度很低。

所谓通过产品实现高端定位、通过内容实现社交口碑和通过明星主播外部造势搞跨界联名三板斧，但线下营销动辄一千多种渠道，零散在全国每个城市、每个县、每个乡镇。这种触达成本高到超乎想象。

军规 10　顺势而举，做时代需要的品牌

传统营销鼻祖宝洁，将大品牌、大传播、大渠道的玩法翻译成 8 个字："萦绕心间，触手可及"。美不美，确实很美。但"萦绕心间"易做到，"触手可及"难上难。线下渠道才是创业的围城攻坚战。

2019 年，笔者和一位某细分类目头部品牌创始人有过争论。我说线下难，他说线上难。我说线上再难毕竟可控，效果不好，可以撤销。别人卖得好，可直接撬流量。线下呢？比如某便利店系统不让进，怎么办？比如某商超只将产品摆放在不显眼的位置，怎么办？或者某无良商超说好了账期三个月，一下子拖一年，怎么办？疫情来了，三年开不了张，怎么办？线下营销摩擦力大，处处失控。

错误地把时代红利和渠道红利当成个人能力，是要被现实上一课的。

近十年，快消新品牌普遍面临两个挑战。一是搞定资本，让资本投资允许烧流量，突破线上；二是搞定线下渠道，把虚的变成实的，把流量变成销量。

数字营销确实不可或缺，但从长远看，传统营销才是真正的制胜之道。自从 2013 年"三只松鼠"横空出世之后，无数如雷贯耳的线上 FMCG（Fast Moving Consumer Goods，快速消费品）品牌，在从线上切换到线下的惊险一跃中，一败涂地，沦为后来者的谈资。

有资本加持，创业者可以玩转线上，但只有资本，肯定撬不动线下。结局往往是：一年烧钱一年爽，三年烧钱"火葬场"。

阅读心得笔记

军规 **11**

做品牌的最高境界是什么

【案例拆解】

三分钟给鸿星尔克做个品牌策划

【背景介绍】

　　鸿星尔克成立于 2000 年，2005 年于新加坡上市，员工 3 万人，在全球拥有 8000 家店铺，年销售额 70 亿元。2021 年，其品牌价值 400.65 亿元，是中国品牌 500 强、亚洲品牌 500 强、福布斯亚洲 200 强。受新冠肺炎疫情的影响，运动品牌受到严重打击，鸿星尔克因为在河南水灾中捐赠 5000 万元而美誉度提升，实现品牌、销量、粉丝三丰收。

【案例解析】

　　鸿星尔克总结自己崛起的原因，将其归因于"科技新国货"定位、深耕大众运动市场。但笔者认为，这个定位相当同质化。李宁的定位也是科技新国货。鸿星尔克在研发上的投入比较持续，也是源于它的工厂基因——拥有各类专利 272 项，其中发明专利 51 项。

　　鸿星尔克研发的奇弹跑鞋，销量不错。大众运动方向是没有问题的。但销量提升，向下的直接力量来自渠道拓展和店效提升，向上的力量如果仅是这个定位，那么问题就会很大。

军规 11　做品牌的最高境界是什么

鸿星尔克"火"了之后，公关活动频繁。从赞助职业网球赛事，到签约知名网球选手；从与合肥马拉松缔结长期合作，到与奥委会达成深度合作；从成为中国轮滑协会战略合作伙伴及运动装备赞助商，到长板大师赛顶级战略合作伙伴及指定运动装备赞助……但必须知道以下几个问题。

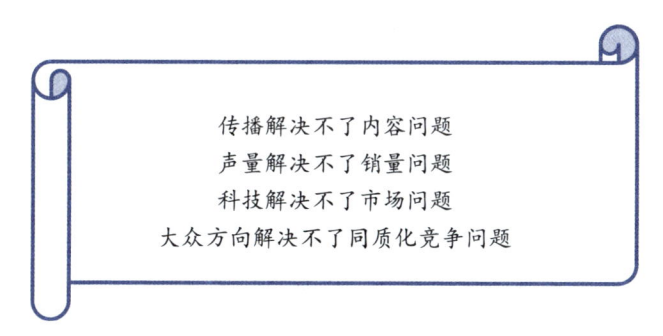

> 传播解决不了内容问题
> 声量解决不了销量问题
> 科技解决不了市场问题
> 大众方向解决不了同质化竞争问题

图 19　做品牌必须知道的问题

因此，笔者对鸿星尔克的营销建议包括以下几点。

一、意识形态升维

服装鞋帽行业，笔者认为打的是基于工业竞赛的心理战。否则在消费者心中，永远只是一个工厂而已。

鸿星尔克，形而下做得不错，但形而上的能力太弱了；在持续创新上铆足了力气，但在颠覆创新上过于偷懒；管理层被 ROI 绑住了手脚，过于注重效率，过于关注当下，过于实干。

在这个行业，这么玩，是没有出路的，必须升维。

以耐克为例，来看看国外的品牌是怎么做"形而上"的。

1964 年，耐克成立。成立 15 年之后，耐克开始借鉴阿迪达斯的品牌策略——"围绕运动冠军做推广"。直到 20 世纪 80 年代，转机出现了——美国大众体育兴起。

运动被赋予"日常奋斗"的含义。美国人开始用运动来定义美国梦。里根新自由主义的兴起和福利国家的退潮，"没人管你了，你要管好你自己"，无论你是中产阶级还是混迹于贫民窟的人，你都要抗击阶层固化和自我堕落。耐克顺势推出 JUST DO IT 的口号来重新表述它的文化。

耐克的广告主体，基本是艰苦训练的普通人，明星所占的比例很小。广告语也摆脱了单纯的产品表述，进入哲学表达，与大众的文化饥渴相对接。这就是一种意识形态的植入。

耐克用它理解这个世界的方式，告诉人们它在这个世界的位置，以及什么是有意义的，什么是人性的，什么是应该拥抱的，什么是应该鄙视的，以此获取客户的记忆资源，从而推动客户的购买行为。

企业为什么要追求"形而上"？说到底，渠道、广告、门店、活动、流量，都解决不了品牌的战略问题。

"产品是工厂所生产的东西，品牌是消费者要购买的东西。产品是可以被竞争者模仿的东西，品牌却是独一无二的。"产品极易过时落伍，成功的品牌却能长久不衰。

到底要关注竞争对手还是要关注消费者，首先要回答一个问题：

我是谁？

只有当企业明确了自己是谁，才能确定自然而协同的社交风格，优雅地去撩动消费者。这是与市场共振的第一步，也是这个时代品牌营销最关键的秘密。

以逆势增长的李宁为例。

1990—2002 年，12 年间李宁的广告主题换过 8 次，始终找不到清晰的定位。30 多个大类，2000 多种产品，依然缺少品牌认知。正是因为品牌势能的不足，导致李宁每一天都在面临低价竞争对手的冲击。1997年，李宁好不容易做出来一款年销售额百万元的平纹体恤，第二年立即被同行的低价产品侵蚀，造成库存60万件。

做爆款、做流量、做渠道，都不是做品牌。这些对品牌提升有作用，但与品牌策略不在一个维度。

"李宁"到底是谁？2010年笔者帮李宁做过三分钟的品牌诊断，对"李宁"这两字的本质，做出了新定义：李宁是"以创始人李宁为核心，企业和产品为延展的集合印象"。

运动员李宁经历过1984年的人生巅峰与1988年的退役，戏剧般的现实和现实的戏剧化，使"李宁"二字具有了史诗般的品牌魅力，在"70后"和"80后"的青春里烙下了深深的印记。

作为以"售卖明星、售卖梦想"为主要传播手段的专业运动服装提供商，李宁的核心资源不是每年20%以上的收入增长率和近10亿元的利润，也不是7900家零售店铺和近百亿元的年收入，而是李宁个人品牌广泛的知名度和高美誉度。

消费者购买李宁，实质上是在为李宁精神买单，李宁公司最核心的任务应该是对"李宁"品牌的维护和管理，对李宁这两个字的擦亮和点燃。"体操王子"李宁的人格魅力形成了李宁公司及其产品的"核心价值"与"终极区隔"，固化为李宁企业核心而永续的竞争优势，并成为耐克、阿迪达斯永远无法复制赶超的USP（Unique Selling Proposition，独特的销售主张）！

渠道、广告、门店、活动、流量，都解决不了品牌战略的问题。因为低维度解决不了高维度的问题，但高维度可以解决低维度的问题。

彼得·圣吉说过：将镜子照向自己，才是修炼的第一步。许倬云老师也说：向内求，往里安放自己！鸿星尔克要将视角从外转向内，先问问自己，鸿星尔克到底是谁？如何去参与这次社交大派对？

二、符号化生存

现在是一个符号化生存的时代。你我都在消费符号，也被符号定义，也在用符号和别人互动。品牌的本质是精神共振，品牌的归宿最终会简化为一个符号。

这里的符号就是形象个性的代表。年薪100万元是一个符号，联排别墅、奔驰车更是符号，某种情况下，这些符号代表了你的形象和气质，不然世俗怎么知道你成功了？你我既不是茅山道士，也不是九华山的猴子，就需要按照世俗的秩序行走江湖。

有些人领带要用爱马仕、穿鞋要穿菲拉格慕、套装要穿杰尼亚；能买别墅就不要住酒店；能去500强就不要去小公司，能当副总裁就不当总经理……**人的欲望驱使着自己去寻找所谓的身份地位。**而人的身份，无论是总统还是经理，无论是教授还是卖煎饼的，从某种意义上讲，都是一种自我定义与强化。这种定义和强化的目的，也是塑造和彰显个性与自我形象。

那么，鸿星尔克是什么符号呢？

鸿星尔克捐款5000万元，它是一个爱国爱同胞的品牌，所以我们要买它的鞋，要支持它？这只是一个应激反应，获得的是情绪化驱动的购买和不持久的记忆，而且容易反噬。这次鸿星尔克"火"了，下次有可能"火"的就是同行。

如何在人以群分、圈层固化的时代，实现能够洞穿甚至黏合亿万小社群的符号穿透力呢？

三、价值共振

你被什么击中，什么就是你的命。

黄金圈军规的发现者西蒙·斯涅克曾经提出过一个问题："为什么苹果市值能超过 7000 亿美元？为什么苹果公司如此具有创新力？为什么苹果比所有竞争对手更具创新性？"

听听乔布斯怎么说？

我 17 岁的时候，读到一句话："如果你把每一天都当作生命中最后一天去生活，那么有一天你会发现你是正确的。"这句话给我留下了深刻的印象。从那时开始，过了 33 年，我在每天早晨都会对着镜子问自己："如果今天是生命中的最后一天，你会不会完成你今天想做的事情呢？"当答案连续很多次被给予"不是"的时候，我知道自己需要改变某些事情了。

"记住你即将死去"是我一生中遇到的最重要的箴言。它帮我指明了生命中重要的选择。因为几乎所有的事情，包括所有的荣誉、所有的骄傲、所有对难堪和失败的恐惧，这些在死亡面前都会消失。我看到的是真正重要的东西。**你有时候会思考你将会失去某些东西，"记住你即将死去"是我知道的避免这些想法的最好办法。**你已经赤身裸体了，你没有理由不去跟随自己内心的声音。

现在，我们清楚地知道乔布斯每天面对镜子自问时的答案了。

人们不会为你做的事而掏钱，但他们会因为你做这件事的原因而掏钱。

如果你只是因为一个人能干活而雇用他，那么他会为了你的钱而工作；如果你雇用的人相信你所相信的，那么他会自觉地为了你的事流血、流汗和流泪。

价值共振就是要从 what、how，进入 why 层面的企业思考。真正的顺序应该是："为什么？怎么办？做什么？"

世界上所有人和所有公司都百分之百知道自己在做什么；只有一部分人知道怎么做，称为差异化的价值、独特工艺或者独特卖点；只有非常少的人和组织知道为什么要这么做。这里的"为什么"和利润没有关系。

利润只是一个结果，而且永远只是一个结果。

"为什么"是你的目的、你的原因、你的信念。你和你的机构为什么存在？你每天早上为什么起床？为什么别人要在乎你？

我们思考问题的方式和做出的行为的方式，是从外而内的；但苹果思考、行动和说服我们的方式，则完全相反，是由内而外的。事实已经向我们证明了：人们买的不是你做的产品，人们买的是你的信念和宗旨。这就是为什么人们在购买苹果的产品时感觉理所应当。

听听苹果公司是怎样回答"为什么"的。

我们做的每一件事，都是为了突破和创新。我们坚信应该以不同的方式思考。我们挑战现状的方式，是把我们的产品设计得异常精美、实用简单和界面精美。我们只是在这个过程中，做出了最棒的电脑。

回答好"为什么"，就换来了消费者的价值共振。所以，鸿星尔克需要清楚消费者"为什么"要买你的鞋。

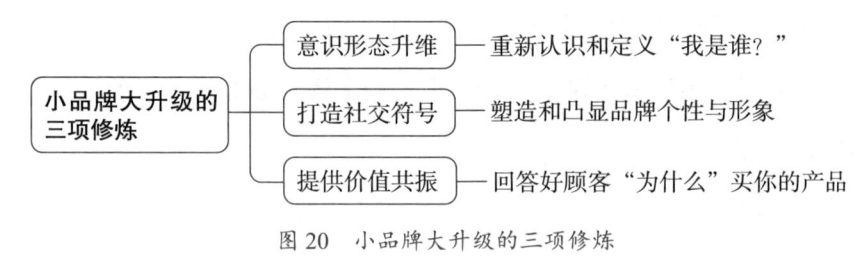

小品牌大升级的三项修炼
- 意识形态升维 —— 重新认识和定义"我是谁？"
- 打造社交符号 —— 塑造和凸显品牌个性与形象
- 提供价值共振 —— 回答好顾客"为什么"买你的产品

图 20　小品牌大升级的三项修炼

【陈轩点评】

鸿星尔克能有今天，离不开一个关键人物，那就是品牌创始人吴荣照。鸿星尔克的老板吴荣照是福建商人，这个商人和唯利是图的小商人有所不同。

吴荣照，1977年出生，本科毕业于福州大学，经济法律双学士，此后赴澳大利亚麦考瑞大学留学并获得国际贸易硕士学位，中欧商学院高级管理人员工商管理硕士。

吴荣照是福建省工商业联合会副会长、福建省青年闽商联合会会长、福建省第十二届政协委员、福建省残疾人福利基金会名誉会长、泉州市第十六届人大代表。妥妥的工商巨子，有为中年。

吴荣照是创二代，但不是富二代。2000年，他跟随父亲，背负1000多万元的银行负债，从两间毛坯厂房开始创业。

2007年，贪大求全，店铺大面积亏损。壮士断腕。

2012年，模仿快时尚品牌Zara，消费者不买账，差点儿被库存害死。

2015年，突发大火烧掉了企业一半的生产设备，现金流撑不到一周。

吴荣照是经历过创业劫难的人，他明白人在绝望时有多么需要帮助，所以他愿意捐款。

阅读心得笔记

军规 **12**
打造利益共同体

【案例拆解】

筹备上市的加多宝，靠什么火了 28 年

【背景介绍】

20 世纪 90 年代，在香港打拼的陈鸿道，看到了凉茶这种广东特有饮品的魅力，花钱从香港的王老吉后人那里买到了配方，并于 1995 年成功销售出了第一罐红罐凉茶，此后一路发展。从 2011 年开始，加多宝与王老吉历经商标战、渠道战、广告战、配方战、价格战等多个起诉、败诉、赔偿纷争……风波不断的加多宝，不但没有没落，反而筹备上市了。

就在 2020 年底，加多宝集团在其公众号发布消息称，已经向中粮包装还清了回购浓缩液厂股权的 15 亿元欠款，并与之续签了战略合作协议。随后，加多宝总裁李春林也正面回应了上市消息，称这次签订新的战略合作协议，为上市扫清了最大障碍。加多宝上市的目的很明确：募寻资金重登"凉茶一哥"宝座，带领凉茶走向"第二春"。

【案例解析】

2013 年 5 月到 7 月，笔者以营销顾问的身份，帮加多宝做品牌传播策略，直接对两个人负责：加多宝人力资源总经理夏楠、品牌管理副

军规 12　打造利益共同体

总监王月贵。加多宝很厚道，对笔者这样一个"外人"充分信任、全面开放，将分散在全国的管理干部调回北京。

笔者记得当时深度访谈了主管品控的集团总经理庞振国、主管运营的集团总经理杨国伟、主管工程的集团总经理李建华、主管研发的集团总经理祁振宽，还有品牌界的传奇人物王月贵、主管人力资源和行政的集团总经理夏楠。和各位资历深厚的前辈各聊了两个多小时，聊加多宝的战略、营销、管理、品牌、文化、公众形象等，也聊每个人的职责和瓶颈，如何去应对失去的品牌资产等。

当时的执行总裁是阳爱星，是主管营销的集团总经理，于 2015 年底离职。后来的总裁王强（已离职），当时是事业部总经理，是阳爱星的下属。与王强同时离职的集团副总裁徐建新，当时是营销支持管理部的负责人。而现在的总裁李春林，当时是加多宝事业部负责人，是王强的下属，和徐建新是平级。

时隔多年，物是人非。作为加多宝的助力者，面对网上各种非议，笔者要说一下自己认识的加多宝。

一、好企业，经得起人事的震荡和冲击

对于加多宝而言，换将很正常，团队迭代也很正常。为什么？加多宝换得起，也经得起各种人事震荡和冲击。

加多宝有深厚的企业文化的管理机制，就像一个经过 28 年调校的精密、强大、井井有条、随需应变的智能系统。离了谁都没有问题。

加多宝是典型的分权制管理模式。总裁麾下有 8 位集团总经理，分管战略、研发、品控、工程、营运、营销、人事行政和财务。这些总经理大多数都是在加多宝工作 18～20 年的"老人"，其忠诚度、能力、

格局久经考验。可以说，总裁如果因为各种原因退出，下面的 8 位集团总经理，每位都可以顶上来。

作为快消品，营销是成功的关键因素，加多宝是营销的黄埔军校。一个省经理年薪都轻轻松松一两百万元，甚至被淘汰掉的"半成品"也能被其他同行当作香饽饽抢去。大客户管理、分渠道管理、分区域管理、品牌管理、媒介购买、公关传播、营销支持，加多宝的分工极其细化且专业。把组织架构图拿出来，一般人看了都会头晕。

高层分权稳定，中层踏实忠诚，基层福利到位。加多宝树大根深，相当坚固，是"铁打的营盘"。

二、拥有企业精神，才能经得起时间的考验

笔者做了 18 年专业营销，见过无数的团队和商业领导人，随着时间的流逝，大多数人已经面目模糊。但加多宝这样的团队，笔者没有见过。

加多宝的企业内刊，叫"般若"。翻看每一页，发现不像其他企业那样的打鸡血，而是深沉地自省、自励和自我修行。

一个小小的罐头厂，经过 23 年的拼搏，将一罐凉茶卖出了 250 亿元。这里面的不容易，只有做过实业、做过营销的人才能体会到。

当年和王老吉打得正猛的时候，加多宝全国招标寻找品牌外脑，笔者带着团队以策略 100 分、创意 90 分的第一名成绩拿下了这个项目。

笔者在提案时说，加多宝的精髓是奋斗者精神。2013 年，加多宝正好成立 18 年，笔者为加多宝传播上定的总策略就是一句话："加多宝，奋斗 18 年！"这是发自内心的尊敬和认同。记得访谈时，庞振国总经理刚从西藏赶回北京，回忆自己在加多宝的奋斗，聊到王老吉的反扑，失落而痛苦，沉默地低着头。

薪火相传、传帮带，是实业的传统。 从加多宝身上传承下来的绝不仅仅是营销上的见识，更多是实干精神、对产品精益求精的执着，还有更宝贵的专注、敬畏、谦虚、感恩的人生态度。

三、好企业让大家一起赚钱

笔者认为，"加多宝"三个字，已经成为一个生命体。2008年，加多宝捐给汶川1亿元；2010年，加多宝捐给玉树1亿元；加多宝还帮助上万名大学生圆了大学梦，每个大学生给1万元，又是1亿元！

加多宝的钱不是大风刮来的。加多宝为什么没有闷声发大财？因为，**做实业的大抵都是有情怀的人。**

加多宝的奋斗，源于"为中国打造世界级的品牌"的情怀。加多宝当年租"王老吉"的老字号，也是一种弘扬民族文化的情怀。

加多宝做了28年凉茶，没有炒房地产，没有炒比特币，没有炒区块链，这不是情怀是什么？

加多宝左冲右突，肩负的是企业的责任、代理商的责任和农民的责任，带着大家赚钱，这不是情怀是什么？

熬一锅汤艰难，坏一锅汤简单。

加多宝，已经是一个生命体，是两万多加多宝人共同的面孔和表情，是创业者的青春，是中国经济的脊梁。

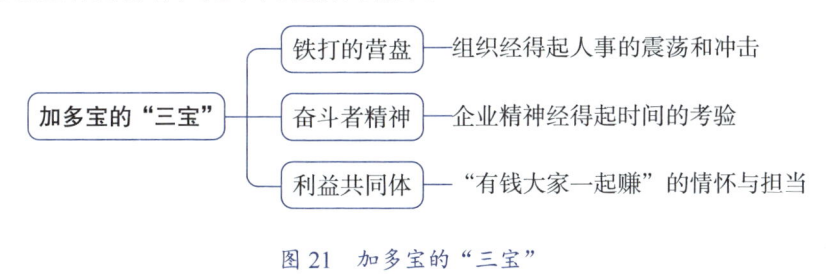

加多宝的"三宝"
- 铁打的营盘 —— 组织经得起人事的震荡和冲击
- 奋斗者精神 —— 企业精神经得起时间的考验
- 利益共同体 —— "有钱大家一起赚"的情怀与担当

图21　加多宝的"三宝"

【陈轩点评】

被誉为世界第一的人脉专家、在美国有着"奇迹先生"美誉、畅销书《与鲨共泳》的作者哈维·麦凯总结过，要想在创业中得到人力的支持，须做到四点。

（1）互惠，没有付出就没有收获。

（2）互赖，相互依赖是最稳固的关系链。

（3）分享，你分享的越多，得到的就越多。

（4）坚持，从不放弃对方才会使感情越走越近。

创业之路注定是不平坦的，单靠一个人是绝对走不完的。越往后，越会发现团队的重要性。

关于如何选择合作伙伴，可以参考曾子的这句话："用师者王，用友者霸，用徒者亡。" 不是亲近的、听话的人就适合做创业伙伴，选合伙人要谨慎，要冷静地分析可能的合作伙伴，分析他们中谁更有利于事业的发展，然后再做决定。一旦确定了合作伙伴，要约定好合理的利益分配原则，并有意识地经营好双方的关系，避免后期出现拆伙的现象。

这里笔者要特别强调分钱的技术。有志于创业的人，格局大都不缺，也都舍得分钱，但在分钱的技术上差了点儿，往往分错了对象，分给了不该分的人，所托非人，导致项目失败。这也是**笔者反复强调的"先知人后断事"这条创业第一铁律**的原因。

大家记住这句话：财富不是对你劳动的补偿，而是对你认知的打赏。在用人上面踩过坑、吃过亏的人，一定要牢记这个教训。

军规 12　打造利益共同体

阅读心得笔记

创业 36 条军规：商业模式裂变增长实战笔记

PART3

爆/品/打/造

军规 **13**

做好基本款，占领更大的市场

【案例拆解】

6年卖了22.7亿元，疯狂小狗如何实现疯狂增长

【背景介绍】

疯狂小狗是一家位于江苏徐州的宠物食品企业，正式成立于2014年。公司创始人崔佳，毕业于江苏畜牧兽医学院动物医学专业，2005年以销售员的身份进入宠物食品行业；2010年创立狗狗保健品品牌"尚帝"，两年后倒闭；2012年回到徐州老家，开宠物实体店，销售宠物及宠物食品的同时，尝试开设宠物自媒体频道，名气和销量逐步打开。

从工作经验来看，虽然崔佳在宠物赛道历练多年，但并未做过公司高管；公司曾亏损50万元，为此而抵押房子，可见家底一般。就是在这样的背景下，崔佳用短短6年的时间将公司的销售额做到了22.7亿元。对于创业公司来说，年销售额突破100万元，并不算难；年销售额突破1000万元，是一道大坎；年销售额破亿元，甚至6年卖了22.7亿元，那它一定有过人的打法。

【案例解析】

疯狂小狗的疯狂增长是不是因为创业初期有高人指点？

创业早期，疯狂小狗团队介绍只有崔佳自己。现任总裁尚耀庭也是

2018年才加入的，所以答案是否定的。

是靠资本买流量烧起来的吗？

疯狂小狗创办于2014年，最早一轮融资的时间是2018年4月，而2017年时疯狂小狗的年销量已达3.2亿元，显然不大可能。

是踩到了风口吗？

过去7年，宠物行业市场规模年均复合增长率超过了10%，宠物食品年均增长超过30%，确实是巨大的风口。

是得流量者得天下吗？

三只松鼠、韩都衣舍等新生品牌凭借电商平台的流量迅速蹿红，疯狂小狗乘势触网，从而实现了高速增长。

2014年，疯狂小狗开始参加"双十一"活动，当天销售额为1万元，全年销售额为330万元。到2016年时，疯狂小狗"双十一"活动当天销售额已达800万元，全年累计销售额突破1.1亿元，一举成为全网狗粮销量领先品牌。截至2019年年末，疯狂小狗累计销售额更是突破22.7亿元，年均增长率225%。

一、疯狂小狗的八大增长打法

1. 用户打法：差异化卡位新手
2. 产品打法：用基本款占领入门级
3. 渠道打法：All in 线上砸爆款
4. 品牌打法：情感绑定，树立形象
5. 流量打法：联合营销、跨界吸粉
6. 融资打法：借力资本，抢占市场
7. 品类打法：拓展品类，增加销量
8. 供应链打法：自建工厂，补齐短板

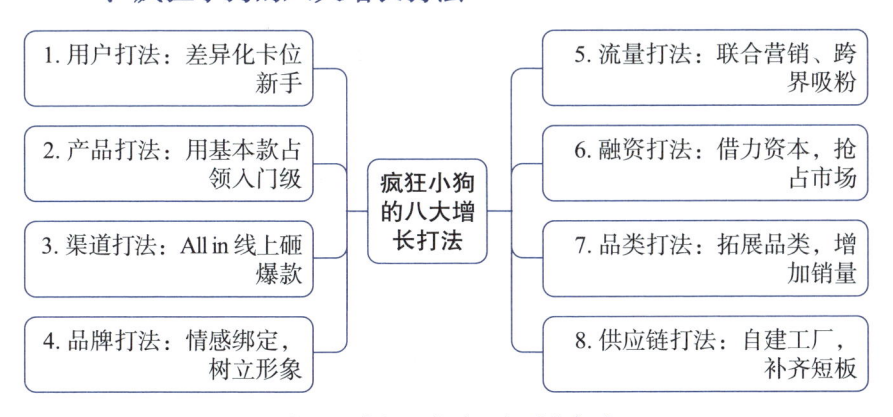

图22　疯狂小狗的八大增长打法

1. 用户打法：差异化卡位新手

消费存在渠道依赖性，尤其是在几乎被国外品牌占领的宠物食品行业，贸然去抢夺已有的用户群体，市场教育的成本太高。因此，在用户定位上，疯狂小狗专注于增量用户群体。客观上讲，当时宠物市场处于爆发期，新用户层出不穷，在存量用户和增量用户之间，疯狂小狗果断做出取舍，这个决策非常明智。

2. 产品打法：用基本款占领入门级

为了让产品与目标消费者更近，疯狂小狗从入门级产品切入，用明显低于其他品牌的价格，降低新用户试用成本，从而赢得新用户的认可。从数据上看，宠物市场的新用户约一半集中在18～30岁，高性价比的入门产品更符合其消费需求和消费能力。

淘宝成交数据证明疯狂小狗的产品定位非常成功：在产品价格区间上，疯狂小狗在100元以下的价格区间的产品销量遥遥领先，复购率保持在40%左右。

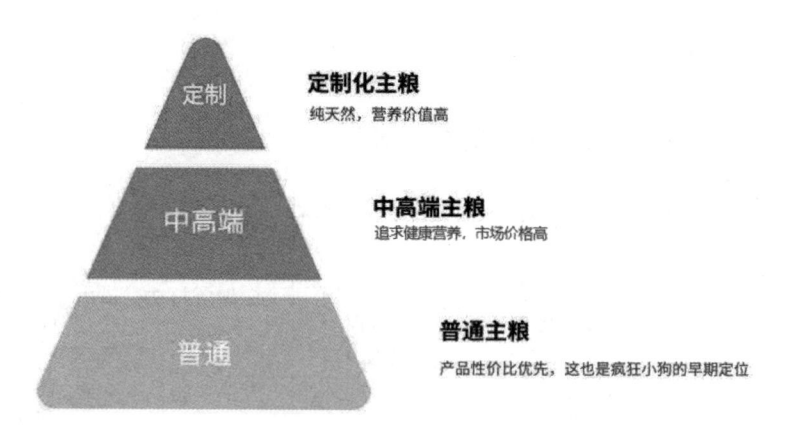

图23 疯狂小狗的主粮类型

3. 渠道打法：All in 线上砸爆款

当时红利源于线上，疯狂小狗就大手笔投入淘宝、天猫、京东等电商平台，打造出不少爆款产品，某一畅销单品仅在2018年销售量就突破400万包。在这方面，疯狂小狗借鉴了小米的做法。

"研习过小米的成长经历，小米的经验值得我们学习借鉴，我们希望疯狂小狗可以像小米一样，追求极致的性价比，做品类的精选，做精品爆款，为宠物主创造价值的同时实现企业的商业发展。"崔佳在媒体公开采访时说。

4.品牌打法：情感绑定，树立形象

内容是连接用户的最好纽带，在品牌宣传中，疯狂小狗以"疯狂"为主题突出年轻人爱冒险、不盲目的特性，强调与用户同频，增加转化率；在产品设计和品牌定位上，疯狂小狗将其拟人化，向用户传播"狗粮等于疯狂小狗"的品牌认知，汇集潜在消费群体。

为提升品牌知名度，2017年8月，疯狂小狗更是聘请著名娱乐节目主持人为品牌形象代言人。除此之外，疯狂小狗还发起了"绿和公益计划""流浪犬零饥饿计划""双百万计划"等活动。例如，2019年年底，疯狂小狗联合淘票票发起《宠爱》公益宠物粮派发活动，观影者可凭电影票领取公益狗粮或猫粮一份，让宠物的冬日不再寒冷。

5.流量打法：联合营销，跨界吸粉

养宠物是人们情感的一种寄托，想要品牌覆盖更多用户群体，从情感角度唤起爱宠人士共鸣自然是必不可少的营销策略。

为了扩大品牌影响力，疯狂小狗从2015年8月开始与湖南卫视联合打造电视剧《神犬小七》；2016年推出宠物美容师在线课堂"宠物美容师课堂"；此后更是与海尔、动画片《汪汪队立大功》、电影《营救汪星人》等品牌进行跨界营销合作；2019年8月，疯狂小狗携手北

京千秋岁文化传播有限公司打造国内最大的宠物 MCN（Multi-Channel Network，多频道网络）机构，孵化更多网红，以更好地实现跨界吸粉。

6. 融资打法：借力资本，抢占市场

疯狂小狗第一轮融资发生在 2018 年 4 月，融资金额为 1 亿元，投资方为天图资本、AB Capital、锐盛投资，资金主要用于自建工厂；第二轮融资发生在 2019 年 5 月，融资金额为 3 亿元，由光点资本、复星集团联合投资，此次融资后疯狂小狗收购蓝氏，创立宫粮御宠、美人喵等品牌，开始集团化多品牌运营。

疯狂小狗融资成功的关键在于找对了人。从公开资料上看，尚耀庭曾任 24 券总裁助理/首席运营官、乐居生活副总裁、天使湾创投合伙人、创士资本创始人，2018 年 6 月 22 日以疯狂小狗董事 & 联席 CEO 的身份对外亮相，负责公司的组织架构、业务流程管理、财务优化、IT 平台建设、商务合作、投融资及并购等工作。正是有了尚耀庭的加盟，疯狂小狗踏上了融资之路。

7. 品类打法：拓展品类，增加销量

企业单靠一个产品、一个品牌规模化后，如果再坚持单品战略，就会在获客转化上吃亏。为了避免陷入增长困境，疯狂小狗从狗粮品类向狗狗主粮、零食系列、营养保健、日常用品、清洁用品 5 个方向延伸，最小存货单位迅速增长到 500 多个。

与此同时，组建吉家宠物集团，多品牌运营，通过收购、孵化等方式，打造覆盖高、中、低三个价位的一体化综合性宠物产业集团。2018 年 5 月，疯狂小狗成立跨境事业部，主要布局东南亚和北美两大市场。随后入驻亚马逊电商平台，打开在北美地区的销售渠道。

8.供应链打法：自建工厂，补齐短板

与众多淘宝品牌一样，在创业初期，疯狂小狗也采用代工厂模式，然而这种模式在企业向亿元销售额攀登时就会掣肘。为了保证产品品质和供应链的高效运转，从2016年开始，疯狂小狗有计划地建设自己的工厂，从源头把控产品品质。2019年5月，该工厂正式投产，月产量为2000吨。

二、疯狂小狗未来将面临的六大瓶颈预测

疯狂小狗六大瓶颈预测
- 1.产品升级瓶颈
- 2.渠道拓展瓶颈
- 3.流量增长瓶颈
- 4.传播推广瓶颈
- 5.人才供给瓶颈
- 6.品类创新瓶颈

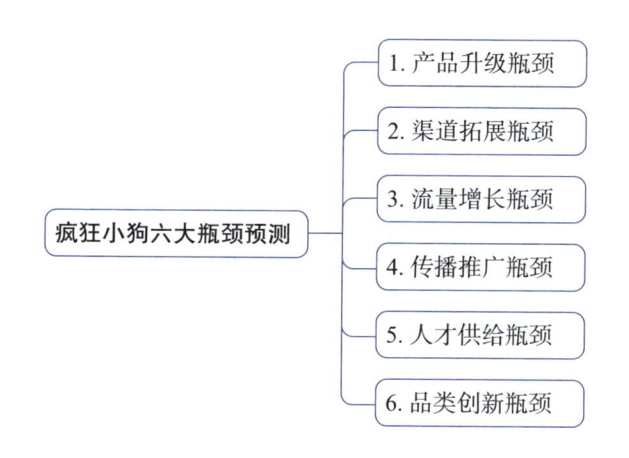

图 24　疯狂小狗六大瓶颈预测

1.产品升级瓶颈：如何实现产品升级

性价比是切入市场的利器，依靠性价比的优势，企业确实能够在短期内收割大量新手，但一个品牌不可能永远在低端市场停留。最早的小米手机售价1999元，可谓业界良心，当价格提到3000元、4000元、5000元迈向中高端市场时，积累起来的口碑和用户形象会一次次被消耗。小米遇到的问题，学习小米的疯狂小狗也一样会遇到。

2.渠道拓展瓶颈：线下渠道如何拓展

2018年11月13日，疯狂小狗旗舰店在江苏徐州万达正式开业，

并计划于 2019 年开设 20 家线下店,希望通过线下渠道解决线上红利日益消散的问题。实际上,线下渠道进展得并不顺利。徐州万达店不到一年的时间就关闭了。

对于线下渠道的发展,在"虎嗅上道沙龙"上,崔佳说:"这个行业是非常缺渠道的,大多是在天猫等平台上卖,线下的话,全国大概有 6 万家宠物店分布在各个省。疯狂小狗去年开始做线下渠道,我们全国有 120 个业务员,都算得上是这个行业的精英了,一年才做了 5000 万元,亏得一塌糊涂。所以,我每天都在思考,现在这个行业的渠道,到底什么时候能够有真正的突破。"

3. 流量增长瓶颈:线上流量从哪来

线上是疯狂小狗的发家之地,在线上红利开始衰退时,疯狂小狗势必会面临增长困境:新的线上流量从哪里来?如何获得这些流量?这些流量能保证其销量持续增长吗?

电商平台:流量源于广告投放,当市场空白时,投放价格相对会低,当大家都开始涌入时,流量一定是价高者得。近几年宠物食品企业"双十一"活动成绩排名大幅变动就说明了这一问题。

微信小程序:搜索"疯狂小狗"小程序,微信页面提示最近使用用户少于 100 人,点开小程序,内容最后的更新日期为 2018 年 10 月 30 日,目前已停止更新。

App:通过搜索,并未找到。

微博:疯狂小狗官微关注用户 259098 人,第一条微博显示已经删除,第二条微博发于 2017 年 3 月,动态持续更新中。

微信:疯狂小狗微信公众号第一篇文章发于 2014 年 2 月 9 日,新榜数据显示,疯狂小狗公众号粉丝数量仅为 10 万+。2020 年全年,该

军规 13　做好基本款，占领更大的市场

公众号共发布文章 189 篇，其中 46 篇是原创，最热文章《人走了，留守武汉的宠物怎么办？》阅读数量为 53934 人，全年累计 132 万人次阅读，对于号称已经服务 1000 万家庭的疯狂小狗来讲，微信流量明显没有开发。

抖音：只有少量内容，基本没有专业化运营。

（注：以上数据收集截至 2021 年 1 月 13 日。）

对各个平台和工具进行分析后，不难发现，疯狂小狗最大的流量还是来自电商平台，要想获得这些流量就需要和竞争对手拼价格。

4. 传播推广瓶颈：如何扩大 C 端影响力

疯狂小狗除了学习到小米高性价比的产品收割策略外，并未学习到小米如何打造品牌声量的精髓，疯狂小狗被彻底打造成品类代名词。究其原因，笔者认为这是由公司的基因决定的。表面上看疯狂小狗属于互联网新兴品牌，本质上它的工厂思维却很严重，依靠的也是大宗物料生意，在势能打造上缺乏品牌思维。

5. 人才供给瓶颈：如何整合更多的专业人才

"尚帝"是崔佳的第一个创业项目，因为管理问题最终创业失败。疯狂小狗成为宠物赛道新国货的代表品牌之后，崔佳面临的最大问题依然是管理问题。因为对一个位于徐州的草根品牌而言，在壮大过程中必然会引进大量高管，可能否驾驭这些人才，又如何让这些人才融入企业中，发挥出应有的效果，对崔佳来说是考验。

6. 品类创新瓶颈：资本方与企业方的矛盾

建工厂，打造生态，疯狂小狗到底是按照自己的想法走，还是按照资本的想法走，我们难以作出判断，可我们知道的是，小米在生态

链的建设上，是以股权入股的方式孵化更多新品牌的，凭借小米品牌和渠道势能为生态企业赋能。在生态链建设上，显然疯狂小狗还有很长的路要走。

通过上述研究分析，我们发现疯狂小狗的迅速崛起得益于行业红利、线上红利、消费红利的多重灌溉。当红利过后，需要见功力和真章时，想要持续增长的疯狂小狗，亟待找到突破"瓶颈"之法。

【陈轩点评】

通过分析疯狂小狗的实战案例，笔者为创业者总结四点。

（1）**现在是互联网流量见顶的时代，一定要选好赛道，一定要寻找增长的风口**。选择不对，努力白费。疯狂小狗选择宠物食品赛道，就是极其现实也是极其讨巧的决策。

（2）所谓的"刚需高频大市场"，反映在产品策划层面就是三个字：基本款。创业者一定要重视基本款。所有大品牌和新兴品牌都是依托基本款起家的。疯狂小狗的基本款的复购率超过了40%。

（3）All in 线上才能销售额破亿元。现在是一切销售线上化的时代，笔者用亲自操刀实战过的案例，一再证明了这一点。这几年能做到三年销售额上亿元的产品品牌，没有一个是只靠线下渠道的。

（4）远看是品牌，近看是营销，用放大镜一看，原来玩的是供应链。这句话几乎可以套到所有成功的品牌上。

军规 13　做好基本款，占领更大的市场

阅读心得笔记

军规 14

微创新，大需求

【案例拆解】

小罐茶和杜国楹

【背景介绍】

2014年，杜国楹用互联网思维，以极具创造性的手法整合中国茶行业优势资源，联合六大茶类的八位制茶大师，坚持原产地原料，坚持大师工艺、大师监制，独创小罐保鲜技术，打造出现象级的小罐茶。在此之前，杜国楹已经多次创业，连续创立背背佳、好记星、E人E本、8848钛金手机等多个家喻户晓的品牌。

【案例解析】

笔者去几位朋友家玩，他们都有小罐茶，或者是别人送的，或者是自己买的，评价都不错。小罐茶能火出圈，至少有四大关键要素。

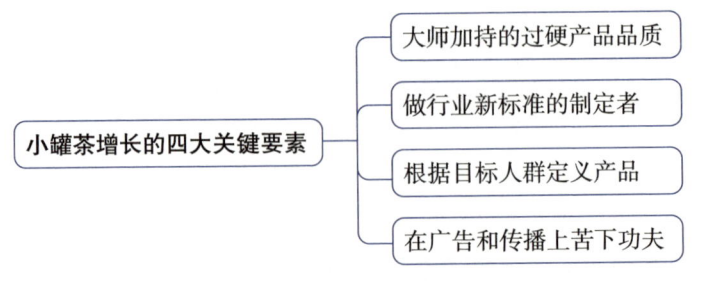

小罐茶增长的四大关键要素：
- 大师加持的过硬产品品质
- 做行业新标准的制定者
- 根据目标人群定义产品
- 在广告和传播上苦下功夫

图25 小罐茶增长的四大关键要素

一、产品品质决定投资回报率

笔者于 10 年前就和杜国楹探讨过，他说："别人都认为我是营销人，其实我真的是产品经理，产品是道，营销是术；产品是根，营销是叶，营销是好产品的放大器。"

那时正是 E 人 E 本上市前，他说完就从抽屉中拿出几十台平板电脑，如数家珍地讲给笔者听，笔者的印象极为深刻。

其实创业者最大的能力，就是对需求的敏感和整合资源创造产品。我们无法苛求创业者在任何领域都是专家，但客观来讲，杜国楹在产品品质上，已经做到了一位负责任的创业者所能想到的一切了。

例如：2003 年做好记星，他找的技术合伙人是张雨南。张雨南是谁？中国第一代数码学习机创始人。好记星能红透半边天，难道只靠广告？

2010 年做 E 人 E 本，技术用的是日本的 WACOM 手写板，设计请的是青蛙公司，比当时漫山遍野的山寨平板不知好了多少。E 人 E 本能做到国产平板第一名，难道只靠广告轰炸吗？

做小罐茶，邀请到了中国八大名茶中最具代表性的八位泰斗级制茶大师，包括西湖龙井制茶大师戚国伟、黄山毛峰传统制作技艺第 49 代传承人谢四十、中国普洱茶终身成就大师邹炳良等。有这些专家中的专家的加入，小罐茶肯定比其他三无茶叶、渠道型品牌和地头蛇品牌，在品质上更有保障。一年 20 多亿元的销售额，只靠专家露个脸，可能吗？

二、好的企业都是做标准的

网上流传"如果按销售额破 20 亿元来算，小罐茶八位大师平均一年需要炒出 8 万斤茶叶"，以及漫山遍野的对小罐茶的质疑，笔者认为可笑之极。

照这个逻辑，iPhone 是乔布斯亲手做的吗？711 是铃木敏文亲自开业的吗？肯德基汉堡是山德士大叔亲自烤的吗？特斯拉 ModelX 是马斯克亲自组装的吗？

科斯定律讲过，企业的使命就是用管理成本代替交易成本。好的企业都是做标准的。

茶叶的交易成本极高。马连道满大街都是卖茶叶的，你能分辨出哪一罐茶叶更靠谱吗？

2008 年，笔者做过茶叶的营销。当年的小企业年销售额也就 600 多万元，一罐茶售价最高 298 元，2018 年转机去成都，发现涨价了，一罐 2480 元。请问，10 年前的 298 元和 10 年后的 2480 元，区别究竟在哪里？

时间？包装？广告？货币超发？

国内茶叶品牌一直被立顿摁着打。正山小种铁观音，"90 后"认吗？"00 后"认吗？连我这"80 后"都不认。

茶叶产业需要的就是杜国楹这样的创业者，重新破局，制定标准。以产品创新、品牌获客、产业布局的大格局，整合行业最优秀的资源，创造性地满足新一代年轻人消费升级后的审美偏好，帮助大家降低交易过程中的选择成本，促成消费者、从业者和茶叶产业三方得利。

三、瞄准轻度消费者做定义

笔者不懂茶，但贵的茶叶也喝过一些。

茶道那一套好是好，但不适合快消品。日式茶道的本质是禅宗，是视茶为法器，是借茶修行的"做场"的玩法。

品茶那一套不适合年轻人。**快消品营销抓的是非顾客，是轻度消**

费者。

也就是说,"好茶叶"的标准,在茶道、茶客和普通人的眼里是不一样的。在营销人和产品人的眼中,标准却很简单。

首先,要标准化,没有云里雾里那么玄乎。其次,要保证品质。杜国楹也不是茶叶大师,他怎么保证品质?找茶叶大师。让大师来把关,让大师来负责,与大师利益绑定,**让专业的人做专业的事**。最后,要体面,不体面在这个时代就没法儿活下去。

这就是产品定义、品牌塑造和包装创意的范畴。杜国楹干了几十年,很在行。

四、广告语既易记又能突出卖点

"小罐茶,大师作"的广告语有没有问题?

杜国楹喜欢用对比式广告,既令人印象深刻,容易记忆,又能很自然地突出卖点。比如 E 人 E 本的"小身材,大智慧";比如好记星的"一台好记星,天下父母情";比如小罐茶的"小罐茶,大师作"。

小罐茶以创新包装的方式切入,达到了 90 分的产品策略。铝罐小包装,精致卫生方便快捷,是真正的差异化,而且和品牌名、Logo 三位一体,创造了产品策划新的经典案例。

杜国楹博览群书,通读西方营销管理设计和产品学的理论,坚持中国的本土化实践。他对营销、传播、产品、招商、广告方面的理解,一个人顶得上 1000 人。

小罐茶的广告改了 5 次,没出街之前,就已经花了 1000 多万元。说明什么?说明杜国楹要做 100 分的广告,而不是 80 分的广告。

【陈轩点评】

新冠肺炎疫情暴发前,笔者去日本新宿旅行,在一个普通小区里,见到了六祖慧能的寺庙,一个简单到只有一个雕像、一口钟的寺庙。想起季羡林老先生说的话:"谁的天国入场券便宜,谁就能拥有更多的信众。"

六祖慧能可谓打造爆品方面的专家。他大幅降低了修行者的门槛,使修行这个只有少数贵族才能享用的特权,飞进了普通老百姓家。这位24岁得法、30岁出山的天才人物,不是目光短浅、不分青红皂白地打造爆品,而是相当有觉悟、有技巧地设计产品,他使禅宗修行变得极为简单,不需要老百姓放弃劳动、放弃生产去深山苦修,而是可以一边劳动一边修行。

六祖慧能的新禅宗之所以盛行,根本原因就是让天国的入场券变得更便宜了。六祖慧能倡导的修行方法,戒律宽松,只要有心修行,居家即可。

说到这里,你有什么启示?那就是:如果想让一个产品、一个观念、一个潮流得以普及,一定要自我降维,一定要重新设计产品,这个策略和动作是必须的。

阅读心得笔记

军规 14　微创新，大需求

军规 **15**

更聚焦，更小众，更快速

【案例拆解】

一块鸡胸肉 3 年爆卖 1.8 亿元，鲨鱼菲特如何实现 200 倍增长

【背景介绍】

鲨鱼菲特上线 8 个月，月销售额突破 500 万元；上线 16 个月，月销售额 1000 万元；上线 22 个月，月销售额超过 2000 万元；上线 26 个月，月销售额飙至 3000 万元。3 年销售额增长 200 倍，鲨鱼菲特成为鸡胸肉行业真正的爆款。

鲨鱼菲特是一家聚焦轻食健康食品研发和销售的企业，主推健身代餐即食鸡胸肉。品牌于 2017 年在山东创立，真正走入大众视野开始品牌声量传播是 2020 年 6 月。主动发起品牌传播的动机大概率是获得不惑创投 1000 万元的天使投资。

【案例解析】

销量是鲨鱼菲特最引以为傲的地方，那么它的销量真有这么高吗？里面有没有水分？这样的销量能持续多久？

天猫、拼多多、京东是鲨鱼菲特主要的销售平台，通过数据抓取，笔者发现鲨鱼菲特各平台数据如下：

天猫旗舰店上线 157 个 SKU，累计销售金额为 3.1 亿元；拼多多上线 58 个 SKU，销售额超过 1467 万元（两款产品超 10 万元，超过部分无法统计）；京东上线 21 个 SKU，销售额超过 1512 万元（销量按留言数量计算）。

三个平台累计销售 3.4 亿元，这与鲨鱼菲特公开报道的数额相差不大，若再加上其他分销店铺的销售数据，这一数据可能还会更高一些。

那么，鲨鱼菲特是如何快速打造出爆款新品牌的呢？

一、品类选择：在数据里寻找新机遇

一个时代有一个时代的消费者，一个时代也会有一个时代的消费特征，能承接新消费特征的品类里常常蕴藏着巨大的崛起机会。 如何寻找一个新品类，并凭借新的产品和服务收割新品类增长的红利，对许多创业者来讲是最难的事，可在选品上鲨鱼菲特却简单有效。鲨鱼菲特是如何选择品类的呢？

"从淘宝、天猫等电商平台的监测数据中，我们可以看出消费者检索趋势的变化：鸡胸肉的搜索量在当时呈现快速飙升之势。然而，在快速增长的背后，我们却发现这个品类的点击率不高，转化率也不高，这意味着消费者对鸡胸肉的需求在快速增长，但是市场上却没有很好的承接方案。**供给侧与需求侧的不匹配，这中间蕴藏着巨大的红利。**"鲨鱼菲特创始人强小明在接受采访时说。

二、产品设计：击中用户的消费痛点

食品是需要人购买并持续食用的，想要消费者购买并持续消费，那在产品设计上就要直接击中用户的消费痛点。 新的品类往往需要新的品牌去承载，作为新品类品牌，鲨鱼菲特分别从健康、方便、好吃三个维

度定义鸡胸肉产品。例如：

在健康上，瞄准健身人群，解决他们健身且更要健康的基本诉求；在方便上，除了可以常温保存，还提出开袋即食概念；在好吃上，不仅注重低脂营养，还强调好吃多样。

正是在这种健康、方便、好吃多样的消费理念下，消费者即食需求被培养和激发，品类赛道不断被拓宽。

三、风险控制：用 MVP 打法去创业

人只能挣到自己认知内的钱，创业尤其如此，如果创始人一上来就豪情壮志地全情投入，就很容易为自己的认知买单。在项目启动上，曾受过 All in 之伤的鲨鱼菲特先坚持基于 MVP 去创业，用最小的成本进行测试，避免高昂的失败成本。具体操作上是以 10 万元作为一个项目单元，把模型跑通后再去扩大。

四、渠道定制：摸清群体和规则，各有针对

淘宝是鲨鱼菲特最早选择的销售平台，但从淘宝到天猫，鲨鱼菲特用了 1 年，从天猫到京东和拼多多，鲨鱼菲特又用了 1 年多。对于一个拥有 10 年运营经验的电商创业者来讲，在渠道的选择上为什么如此谨慎？

渠道内的第一品牌得到流量曝光的机会是最大的，为了占据各渠道第一品牌的位置，鲨鱼菲特会针对各渠道不同的用户画像和运营规则，进行产品搭配、口味优化、组织和供应链的迭代，打磨基于不同平台的 MVP 模型，用最小的成本摄取平台最大的公域流量。

五、组织架构：脉冲式团队搭建

鲨鱼菲特在创办之际，两个创办者只雇用了一个人负责发货，运营外

包给了代运营公司，一个月的成本不超过2万元。淘宝店铺年销售额近80万元时，才组建了4个人的创业团队，又将客户和仓储进行了外包。现在的鲨鱼菲特已经有100多人，但在部门设立上依然坚持精益创业的原则。

例如，产品部目前只有10人左右，他们管理着30多个OEM（Original Equipment Manufacturer，原始设备制造商）或ODM（Original Design Manufacturer，原始设计制造商）工厂，人少是因为把更多的工作放到工厂端去做了；市场部2020年刚成立，为未来两三年的投放做准备。

六、营销策略：爆款驱动

爆款是收割流量的利器，是企业获取用户的抓手。在营销策略上，鲨鱼菲特用爆款策略形成流量虹吸，让自己成为品类标签，获得大量自然检索的公域流量。

以天猫团队为例，其采用阿米巴"店长+小组制"模式，由店长负责整个店铺运营、小组负责搜索和推出爆款产品，这样只要一个团队的爆款小组把模型跑通了，那么剩下的工作就是去复制。目前，鲨鱼菲特销量过万的爆款产品已有10多款，爆款产品销量最高为266万单。

七、品牌塑造：强吃一波品类红利

新的人群会有新的消费习惯，新品牌必须强吃新的红利，在新国货品牌崛起的当下，传统电商平台红利已经消失。新品牌要想获得起盘的力量，就需要在产品或渠道上击中某一个大家都不在意的空白点，用这个点撬动自己的快速增长。

鲨鱼菲特并非第一个进入鸡肉即食赛道的创业者，但由于创始人具备10年的电商运营经验，知道怎样快速地将鲨鱼菲特打造成行业领头羊，触发品类头部效应，于是强势吃下大家共同培养和拥有的品类流量红利。

八、运营策略：一品一供，差异化应对

一套产品标准，不同平台同时上线是很多企业常采用的运营策略，但在运营上，**鲨鱼菲特却针对不同平台的用户画像和消费能力，为用户匹配不同的商品组合，实行一品一供**。例如，京东 99 元一套、天猫 69.9 元一套、拼多多 39.9 元一套，保证不同的产品符合不同平台用户的消费习惯和价格承受能力，力求在不同平台上都是爆款。

表 2　鸡胸肉在不同平台为用户匹配不同的商品组合

渠道	产品名称	包数	价格
京东	鸡胸肉即食高蛋白肉脯健身餐低脂代餐轻食速食食品	20 包	99
天猫	速食鸡胸肉健身代餐即食低脂卡零食轻食鸡肉食品	40 包	69.9
拼多多	鸡胸肉即食健身高蛋白代餐减低脂饱腹鸡肉零食品	16 包	39.9

九、产品迭代：从消费者需求出发

开发新品（简称"开品"）由消费者决策，上架由消费者决策，升级与淘汰也由消费者决策。"一切由消费者说了算"的产品迭代方法论使鲨鱼菲特更被消费者认可，增加了产品成为爆品的概率。在此机制下，鲨鱼菲特每月可以推出 5～6 款新品，SKU 数量已拓展到 100 多个。

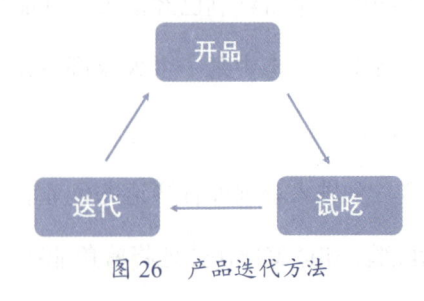

图 26　产品迭代方法

开品：

（1）收集用户希望开什么品。

（2）收集哪些产品搜索量或销量提升。

（3）发起用户投票（微信、电话、短信）。

试吃：

产品试吃→公司内部公开试吃→消费者试吃→上线投入市场。

迭代：

（1）客服收集用户反馈。

（2）产品部电话追踪用户反馈。

（3）用户消费结果决定产品是持续，还是淘汰。

十、供应链：投资入股，绑定工厂

在鲨鱼菲特项目启动时，供应链是其遇到的第一道坎，最后还是靠"刷脸"才解决了供应链产能不足的问题。为了解决供应链对多渠道扩张的制约，鲨鱼菲特通过股权入股等方式扶持多个工厂。2017年至今，其已陆续在山东设立了三大生产基地，合作工厂车间生产总面积达15000平方米。

【陈轩点评】

通过对鲨鱼菲特案例的分析，笔者给创业者总结出三大启示。

（1）选择比努力重要，在一个即将爆发的新赛道上创业，更容易获得起盘的力量。

（2）**增长模式决定崛起速度**，新品牌选择电商爆品玩法，就意味着产品更容易快速突围，从而撬动全国市场。

（3）爆款是可以复制的，模式是可以学习的。在创业这条路上要敢于抛开成见，主动学习那些已经被消费者选择出来的品牌，特别是同行业的对手品牌。

阅读心得笔记

军规 **16**

线下引爆线上，实现裂变传播

【案例拆解】

海底捞的"番茄牛肉饭"是如何成为抖音爆款的

【背景介绍】

现阶段抖音的整体流量远大于其他短视频平台,品牌营销利器首选抖音。过去餐饮企业都集中在"双微"营销,近几年来餐饮企业纷纷布局抖音营销。不少餐饮企业的爆款短视频,成功为自家门店引流。海底捞就是其中之一。

事实上,必胜客比海底捞更早在抖音做营销推广,必胜客大手笔邀请了当红音乐人和很多抖音红人进行宣传,但它怎么也没有想到,海底捞仅靠抖友的自发视频所收获的流量,居然比自己还高。海底捞走红抖音,几乎可以说是零成本营销。

【案例解析】

虽然越来越多的企业已经把抖音营销提到了战略层面,有不少餐饮企业投入了大量的人力和物力,拍了无数个"大片",也不断追加资金投入,然而营销效果并不理想,有的餐饮老板就怀疑抖音营销的红利期已过。事实真的如此吗?

抖音在 2016 年 9 月上线,上线之后反响平平,直到 2019 年春节期间才突然火爆。2019年1月18日，中央电视台正式宣布抖音将成为《2019年中央广播电视总台春节联欢晚会》的独家社交媒体传播平台，抖音因为助力春晚的传播，日活跃用户数量达到了3000万。

2021年1月，抖音第二次与春晚达成合作，日活跃用户数量超过5亿。与此同时，海外版抖音TikTok成为非美国网站的领先者。无论在国内还是海外，抖音的"江湖地位"无人能敌。最重要的是，抖音的用户群体以年轻人为主，而年轻消费者正是餐饮企业的主流客群，**可以说，谁玩转了抖音，谁就赢得了商机**。

那么，海底捞是如何抓住玩抖音的年轻用户的？

1. 新奇特引爆

抖音作为当下的流量之王，企业要想在抖音吸引用户的关注，必须有新奇特的点才行。而官方数据显示，抖音的用户中，女性占比（66.5%）显著高于男性（33.5%），24岁以下的用户占到了52.8%，也就是说，抖音是一个年轻女性占主导地位的平台。那么她们的生活习惯是什么，社交习惯是什么，爱吃什么，爱玩什么？餐饮企业结合自己的产品特性，发布与女性群体有关的抖音短视频，引爆的概率就会较高。

2018年3月，抖音一位网友展示了一种独特的吃法：一碗米饭加上海底捞小料里的五香牛肉粒，最后再浇上一大勺番茄汤，3元就完成了一碗美味的牛肉饭！网友发明的这个"海底捞番茄牛肉饭"，迅速在抖音走红，点赞数过百万。很多人刷到这个视频后，立刻到海底捞效仿，于是"番茄牛肉饭"就成为去海底捞消费的标配。

"新式"吃法被迅速带红，随之引发抖音主力用户"90后""95后"的大量跟风消费，一款爆品就这样诞生了。"番茄牛肉饭"走红抖音的一个主要原因就是吃法"奇葩""简单易操作"且"省钱"。

2. 打造 IP 人设

其实只要肯用心，或者投入较高的推广费用，打造一款爆品并不难。一些餐饮企业就很聪明，**市面上什么开始火就跟风做什么，短视频流量数据也相当不错**。但靠跟风制作的短视频，往往火不了几天就冷掉了，根本带不来转化率。

所以说，任何创新都要在品牌自我定位明确的基础上进行。抖音爆款短视频也只有与自身品牌调性相一致，才能产生持久的品牌影响力。换句话说，就是企业也要打造 IP 人设，让品牌不是一个冰冷的营销号，而是一个富有个性、有趣、有温度的营销号。

除了"番茄牛肉饭"，海底捞还推出了数款 DIY 爆款。

（1）DIY 四宫格锅底：消费者只需要点番茄锅底和清油麻辣锅底两格，剩下的两格自己调制。

（2）DIY 蘸料：海底捞的自主调料台有 20 多种调料，完全具备自主调配的实力，于是在各路人才的尝试下，诞生了三款进店必调的蘸料：海椒干碟＋蒜泥＋香葱＋芝麻油＋泰国椒＋花生碎＋蚝油；芝麻酱＋香菇酱＋牛肉酱＋XO 酱＋花生碎；蒜泥＋蚝油＋小米椒＋香油＋葱花＋芝麻。

（3）DIY 海鲜粥：姜片和香菇都可以问服务员要，消费者只需要不停地搅拌，搅拌好后撒上些许葱花和香菜，一款美味的自制海鲜粥就诞生了。

（4）DIY 鸡蛋虾滑油面筋：消费者只要点了面筋泡、虾滑和鸡蛋，服务员就会自动端上纸杯和手套。

（5）DIY肉酱酿豆腐：消费者只要点了豆腐，服务员就会自动端上已经调好的肉酱……

可见，海底捞在打造爆款视频方面做足了标签——DIY。

3. 线下极致体验

许多餐饮企业费心打造的产品因为出色的营销而爆红网络，但实际销量并不理想。原因就在于网络营销背后还需要强大的产品和服务作支撑。无论是抖音营销还是小红书营销、快手营销、B站营销，对于品牌建设来说，都只能起到锦上添花的作用。如果产品只是看着颜值高，而到了线下货不对款或者操作复杂，就无法形成复购。

"抖字还没说出口，服务员就表示已经知道啦。"当消费者进入海底捞，还没完全说出"番茄牛肉饭"，点单时服务员就已心领神会了。海底捞的每一款DIY产品，在店里都可以轻松复刻出来。而且一碗不够吃，还可以找服务员免费要番茄汤等材料继续做。这样的极致体验，因为好奇而去模仿的消费者很轻易地就成了"回头客"。"回头客"主动拍短视频传到网上和更多"抖友"互动，海底捞的线上品牌影响力就蔓延开来了。

实体企业玩转短视频平台的三个步骤
- Step1：利用新奇特创爆款
- Step2：创标签打造IP人设
- Step3：线下极致体验创转化

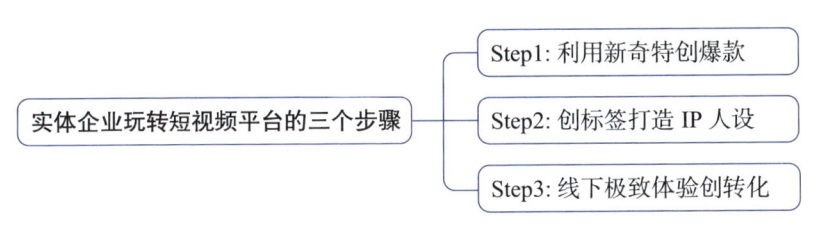

图27　实体企业玩转短视频平台的三个步骤

【陈轩点评】

随着互联网渗透各行各业，在疫情的影响下，实体企业进军线上营销已经避无可避。"无内容，不电商"，用内容为电商输血，是 5G 时代做电商的第一逻辑。事实证明，效果明显：2021 年抖音电商的 GMV（Gross Merchandise Volume，商品交易总额）高达 8000 亿元，已经超过了拼多多。

通过海底捞的实践，我们可以看出，实体企业进军内容电商，说难也不难，把握三个关键步骤即可。

（1）利用新奇特内容，打造爆款产品。

（2）沿着爆款产品线做足"标签"，形成识别化品牌。

（3）线下提供极致体验，把尝鲜的体验客户变为"回头客"。

阅读心得笔记

军规 16　线下引爆线上，实现裂变传播

军规 **17**

爆品绝对不仅仅是产品

【案例拆解】

5年从0到1100亿港币，泡泡玛特的泡泡是怎么吹起来的

【背景介绍】

人人都说创业难，毕业于郑州大学的"85后"王宁，从2012年开始正式卖玩具。

2017年营收1.58亿元，净利润156.9万元（广告和推广费用260万元）；

2018年营收5.15亿元，净利润9952.1万元（广告和推广费用1070万元）；

2019年营收16.83亿元，净利润4.51亿元（广告和推广费用5380万元）；

2020年半年营收8.18亿元，半年净利润1.41亿元（广告和推广费用3040万元）。

2020年12月11日，泡泡玛特在港股挂牌上市。5年从0到1100亿港币，泡泡玛特的高速成长堪称奇迹。

很多人不服：作为一家"割韭菜""收智商税"的公司，泡泡玛特凭什么市值1100亿港币？凭什么值两个任天堂？凭什么刚上市市值就翻了一倍？

【案例解析】

以前有投资人对泡泡玛特创始人王宁的评价是，学历平平，也没正经上过班，说起话来表情平静，没有感染力，也没有团队，也没有精英上任。上市后，每一位投资人提到王宁都评价其性格沉稳话不多，喜怒不形于色，拥有"消费创业者"的许多优良品质，非常戏剧化。

关于泡泡玛特的成功，有人说泡泡玛特的千亿市值靠的是Molly、DIMOO、BOBO、YUKI等独家授权IP；还有人说王宁的逆袭，靠的就是盲盒的玩法。

那么，泡泡玛特如火箭一般的发展速度，究竟靠的是什么？**泡泡玛特的非常规增长证明了什么？**

是不是许多专家所说的"红利期只有几年""未来只有3～5年的黄金发展期"？

对这种异军突起的创业项目，创业者和企业家究竟能从中借鉴到什么？

一、远看：泡泡玛特就是一家玩具公司

从行业属性上看，泡泡玛特是一家普普通通的潮玩玩具公司。

艺人挖掘+IP运营+玩具开发+营销推广，这是常规动作；其产品包括盲盒、半球形关节娃娃和衍生品（如手机壳等）。

目前，泡泡玛特在潮玩零售市场排名第一，市场占有率8.5%。

总之，行业是老行业，流程是老流程，乏善可陈。

二、细琢磨：泡泡玛特是一家自有渠道强势的公司

真正实战过的人，都理解渠道对于一家产品型创业公司的重要性。

泡泡玛特这么大的销量，渠道肯定很强势。泡泡玛特总共有六大渠道。

渠道1：33个一、二线城市主流商圈的136个零售店贡献了43%的销售额。也就是说，其近一半的销售额来自自有店面。

值得关注的是，泡泡玛特近几年的线下销量一直在缩减：2017年的线下销量占63%，2018年占48%，2019年只占43%。与此同时，线上渠道的销量一直在增长：2017年9%，2018年19%，2019年32%。线上渠道的营收逐年增加，线下渠道的营收逐年减少，这正是资本家最喜欢的走势。

渠道2：62个城市的1001间创新机器人商店贡献了15%的销售额。

近年来，凡是人流量大的场所，各种无人售卖设备已经投放了很多。泡泡玛特为了占领地铁、商场、电影院、步行街等人流量大的场所，创新性地引入机器人商店。除了独有的醒目颜色之外，泡泡玛特在机器人商店的细节和品质上一直在钻营，如同互联网产品一样，经过几次迭代更新，基本达到了差异化传播的目标。

渠道3：天猫旗舰店、泡泡抽盒机、葩趣（自主开发的线上社区软件）、360万注册会员、240万微信公众号粉丝和其他线上渠道，贡献了30%的销售额。

2016年，泡泡玛特公司开始接触电商，开设天猫旗舰店、设立机器人商店，同时重视对顾客流量的运营和巩固。为满足消费者对潮玩的分享、改造、互换等消费互动需求，泡泡玛特于2016年6月上线粉丝专属互动社区——葩趣App。

渠道4：25个中国经销商和22个海外经销商贡献了6.6%的销售额，其实这已经很少了。

渠道 5：批发采购，贡献了 1.3% 的销售额。

渠道 6：展会。别看泡泡玛特展会做得很大，但销售额只占 0.1%。展会的意义是，提升品牌影响力。

在企业招股书中，泡泡玛特公布了其中五大销售渠道逐年占比的变化。

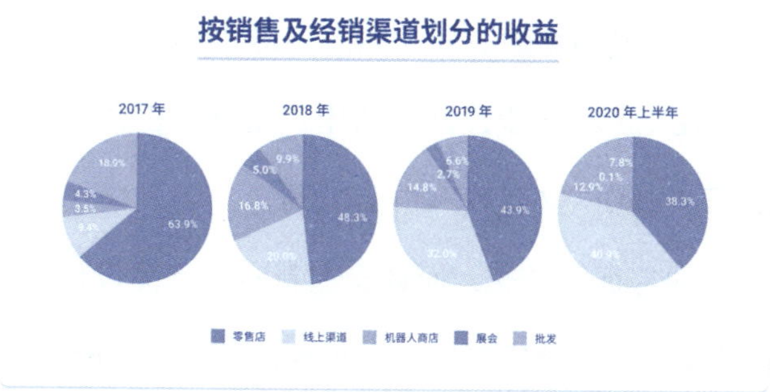

图 28　2017—2020 年上半年五大销售渠道占比的变化

三、泡泡玛特最核心的竞争力是 IP

泡泡玛特的 IP 据说有 93 个，其中包括 12 个自有 IP，25 个独家 IP，56 个非独家 IP。泡泡玛特 IP 的核心在于自有的 Molly 和独家代理的 Pucky。

Molly 是泡泡玛特从别人手里买过来的，在 2017 年全公司营收中贡献了四成，是公司第一大吸金兽；Pucky 是泡泡玛特独家代理的（版权不是自己的），营收贡献稳定在 14% 左右。也就是说，泡泡玛特最赚钱的 IP 不是自己设计的，自己设计的 DIMOO、BOBO&COCO 的营收占比仅 1.9% 和 0.4%。

四、得益于潮玩市场的增长红利

泡泡玛特是名副其实的潮流文化第一股，得益于时尚潮玩市场近几年的突飞猛进。中国潮玩市场处于快速增长状态，市场规模由 2015 年的 63 亿元增长至 2019 年的 207 亿元，年复合增长率达到 34.6%。根据全球企业增长咨询公司弗若斯特沙利文（Frost & Sullivan）咨询公司预测，中国潮玩市场规模会持续增长，到2024年将达到763亿元。潮玩者的消费需求不断增长，推动着泡泡玛特的股价持续坚挺。

五、得"Z世代"者得未来

到底谁在买泡泡玛特的东西？ 泡泡玛特的CFO曾透露过，泡泡玛特的用户画像在15～35岁，75%的用户是女性白领，58%的用户年龄在30岁以下，其中"Z世代"占了32%。

"Z世代"的特征是社交，而社交在新时代产品设计和营销中起着核心作用。社交是"Z世代"的一个重要消费动机，65%的"Z世代"想和朋友有共同语言。消费能带来谈资和社交的资本，泡泡玛特的盲盒可以帮他们建立圈子，打造共同话语。一些"Z世代"未必多喜欢盲盒，他们购买泡泡玛特的产品，只是为了不被同龄人排挤。

泡泡玛特为了吸引"Z世代"人群，可谓不遗余力。2017年3038个会员，2018年70万个会员，2019年220万个会员，2020年360万个会员，会员数量一路攀升。与此同时，重购率也在增加，2020年达到58%。这些会员集中在一、二线城市，以年轻女性为主，她们是泡泡玛特的核心用户。

六、"迪士尼模式"是障眼法

泡泡玛特盲盒每年会推出1～7个系列不等，每个盲盒都有独特的主题，通常还有12种不同的设计，其中包括一个特殊的隐藏款，这个隐藏款是核心。能不能抽中隐藏款，这种不可预知性，增加了重复购买的可能性。

不过，如果单纯认为盲盒就是泡泡玛特的一个营销核心，就错了。如果盲盒是核心，那么其他商家为什么不模仿盲盒模式呢？其实，确实有不少商家开始模仿盲盒模式，拉杆箱盲盒、耳机盲盒、礼品盲盒……可是成功的有几个呢？

既然盲盒不是营销核心，泡泡玛特到底是怎么发展起来的？它的增长到底是怎么做起来的？笔者认为泡泡玛特的增长是靠三大驱动力，第一个驱动力就是迪士尼模式。

迪士尼讲究炒作IP，以获得更多的品牌输出和销量提升，但笔者认为这只是行业属性，并不是成功的关键。**泡泡玛特最大的优势是跟上了潮玩市场往上走的一个趋势**，但它不是泡泡玛特成功的一个核心模式，虽然他们的创始人和高管不断对外宣称迪士尼模式至关重要，但在笔者看来，迪士尼模式绝对不是5年能够逆袭的关键，为什么？

第一，同行业玩迪士尼模式的公司多如牛毛，试看玩具公司哪家不做IP？

第二，套路大同小异，找IP、ODM、建渠道、做品牌，迪士尼模式就这四板斧。

第三，虽然泡泡玛特一直在强调自己获得了全球28个艺术家的授权，但没有哪家玩具公司是完全靠设计做起来的。

必须指出的是，迪士尼模式本身存在极大的风险。

首先，Molly和Pucky两个IP的贡献占据泡泡玛特的"半壁江山"，如果这两个IP出事，或者一旦被停止授权，对其销量的冲击会极大。

其次，随着泡泡玛特成功上市，艺术家会坐地起价，授权费用急速增长的后果就是，泡泡玛特的成本增加，利润被压缩。

另外，2019年中国潮玩零售前5名的公司的销售占比分别是8.5%、7.7%、3.3%、1.7%、1.6%。泡泡玛特虽然位居第一，但优势极其有限，只比第二名多了0.8%，并没有一骑绝尘。即使有资本加持，其团队的持续增长能力也有待观察。

因此，迪士尼模式只是一个障眼法，并不是泡泡玛特增长奇迹的关键。

七、"赌场属性"是泡泡玛特不愿提及的营销秘密

笔者认为泡泡玛特的第二个驱动力是"赌场属性"。拆盲盒就是赌博，阿里巴巴曾发布过一组数据，在"95后"玩家剁手力排行榜中，盲盒已经成为"95后"最烧钱的爱好。有20万消费者平均花费超过2万元，更有人一年花费百万元买盲盒。买盲盒成瘾，是泡泡玛特不愿意提及的增长核心，也是读者在别处看不到的营销秘密。

做盲盒就像开赌场，也存在风险。

首先，政府监管是最大的风险。泡泡玛特并没有公开具体的中奖率，数值概率不透明容易引起消费者的不满和同行的攻击，引起市场监管部门的注意。

其次，盲盒玩法源自日本，现在已经被各行业全面模仿。随着盲盒的流行，消费者逐渐回过味来，会对此玩法失去兴趣，泡泡玛特势必会受到一定的影响。

八、"茅台模式"是泡泡玛特销量暴涨的根本原因

泡泡玛特的第三个驱动力，笔者称为"茅台模式"。笔者曾写过一篇文章，在各个平台反响不错。这篇文章的名字叫作"一切商业模式的本质，其实就是金融模式"，每个平台都有1万多人点赞。他们认可笔者的这一观点：**产品策划和营销设计中必须增加金融属性，不然创业公**

军规 17 爆品绝对不仅仅是产品

司必死无疑。

泡泡玛特卖的不是玩具，也不是盲盒，更不是 IP，卖的是一个赚钱的欲望。从 59 元增值到 2350 元，如此大的增值空间，足以让二、三级市场疯狂起来。在使用价值之上增加储存价值，这种金融投资属性让泡泡玛特的丑萌小玩具无限传递，在次级市场永远旺盛。

大部分泡泡玛特玩家，都想拿它来赚钱。玩家要购入大量盲盒来寻找隐藏款，进而进行升值炒作，这种操作形成了一个实际上的资金盘，成为目前泡泡玛特销量暴涨的根本原因。

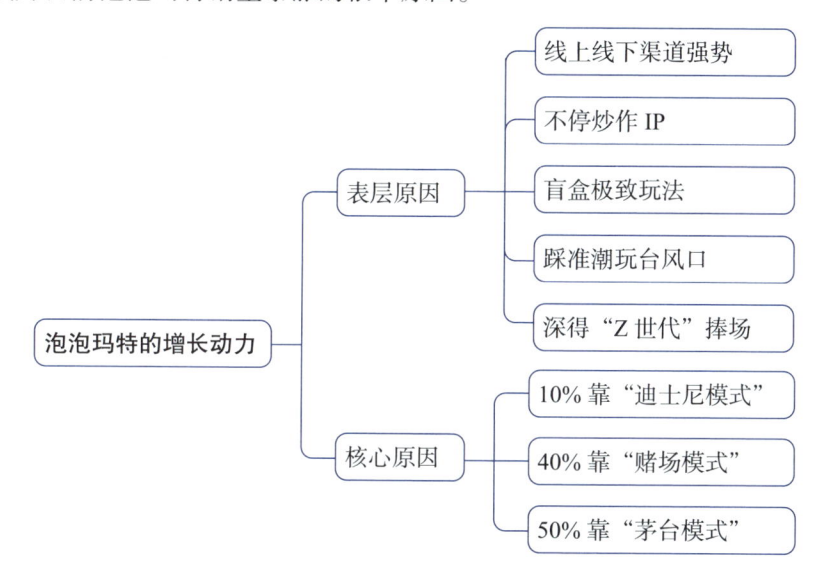

```
                        ┌─ 线上线下渠道强势
                        ├─ 不停炒作 IP
              ┌─表层原因─┼─ 盲盒极致玩法
              │         ├─ 踩准潮玩台风口
泡泡玛特的增长动力┤         └─ 深得"Z 世代"捧场
              │         ┌─ 10% 靠"迪士尼模式"
              └─核心原因─┼─ 40% 靠"赌场模式"
                        └─ 50% 靠"茅台模式"
```

图 29　泡泡玛特的增长动力

【陈轩点评】

作为一个快速崛起的新锐品牌，如日中天的泡泡玛特是一个无法忽视的对象。再来总结一下泡泡玛特的这个泡泡是怎么吹起来。

（1）10% 靠的是"迪士尼模式"。

（2）40% 靠的是"赌场模式"。

155

（3）50%靠的是"茅台模式"。

那么能带给创业者什么启示呢？

（1）在创业或营销过程中，一起手就要琢磨产品和业务的"赌场属性"和"金融属性"，当然要在法律的允许范围之内，这是病毒营销和裂变增值的一个根本。

（2）泡泡玛特能走多远，这个是一个政治学和经济学问题，而不是营销问题，笔者也无法回答。快进快出、火中取栗是资本惯用的玩法，他们迅速帮泡泡玛特成功上市，然后离场，剩下的就靠创业者去收场。

（3）创业的本质是一道数学题，分类机制是重中之重，尤其是社交性强的产品。

阅读心得笔记

军规 18

特价做爆款，爆款常规化

【案例拆解】

肯德基在中国屡试不爽的"疯狂星期四"

【背景介绍】

1987年11月12日,肯德基在北京开设了第一家门店,并由此开启了它在中国的发展之路。这一天正好是星期四。2018年8月,麦当劳启动了"8·8会员节"优惠活动:每周三只需要花5元,就可以买到一份原味鸡腿堡。相应地,肯德基推出了"8·9会员节"优惠活动:每周四只需要花9.9元,就可以买到9块黄金鸡块。从此,"疯狂星期四"诞生了。

不过,当时的"疯狂星期四"活动并不太受欢迎,尽管肯德基"疯狂,疯狂,星期四,九块,九块,九块九"的洗脑歌曲铺天盖地,甚至还请到一些明星做代言,并在电梯、快递柜的屏幕上大量投放广告,但消费者并不买账,网友对这样的疯狂宣传甚至感到厌烦。直到"疯四文学"的兴起,才让肯德基的"疯狂星期四"活动成为"营销界的天花板"。

【案例解析】

"疯狂星期四"并非突发奇想。在美国,感恩节是每年11月的第4

个星期四。次日，美国人会进行大采购，这一天美国各大商场会推出各种打折和优惠活动，进行年底促销。肯德基受此启发，为避开星期五促销，将星期四定位为"疯狂星期四"，推出各种美食优惠活动。

"疯狂星期四"作为促销活动，在中国的推广一开始并不奏效。 2018年8月，"疯狂星期四"首次被推出，主要集中在汉堡和炸鸡等产品上，仅售9.9元。这一年，网上关于"疯狂星期四"的相关话题根本无人关注。2019年，甚至有知乎网友表示"想投诉肯德基轰炸广告""精神污染、听完决定再也不吃肯德基"。2020年，"疯狂星期四"的全网知名度依然不高，在人们的印象中它只是一个寻常的促销活动。

作为在中国深耕多年的"洋品牌"，肯德基最担心的是失去年轻人的市场。 为了迎合国内的消费者，肯德基先后推出了北京鸡肉卷、鸡肉粥等本土化产品，但效果差强人意。为了捕获新一代年轻消费者的"芳心"，肯德基在营销方式上做了大量尝试。尽管"疯狂星期四"前3年的营销效果不佳，但肯德基一直没有放弃，不停地刷存在感。

功夫不负有心人，终于在2021年5月出现了转折点，微博出现了第一代"疯狂星期四"文案："看看你那垂头丧气的样儿，知道今天是什么日子吗？今天是疯狂星期四！"

这句充满调侃的文案，引起了大批网友"创作"。自此之后，"疯四文学"开始发展，海量的、原子化的用户主动参与传播，进行各种无厘头的二次创作，文案逐渐走向"奇形怪状"。

2021年12月30日，肯德基官方亲自下场，推出"全网寻找原创疯四文豪"活动，将"疯四文学"推向了一个小高潮。

2022年8月，因为参与的网友越来越多，"疯狂星期四"的热度达到了高潮。根据 2022 年 8 月 24 日至 8 月 30 日一周的数据统计,"#肯德基疯狂星期四#"的话题,在微博平台有 20 亿阅读量和 400 万讨论量;新榜数据显示,微信平台与"疯狂星期四"相关的话题,均达到了百万级别的传播量;根据百度指数,"疯四文学"的热度整体环比增长 342%。

一个"疯狂星期四"的肯德基促销日,却引发了互联网上的"疯四文学",这种现象级的营销盛况,是如何诞生的呢?

一、疯传前提:创作门槛低,利于传播

"疯四文学"能爆火,离不开大量的"自来水",即网友们自发的"二创"和转发。它的前提是创作门槛低、可以模仿。"疯四文学"的套路很明显:开头悬疑,中间铺垫,结尾转到了肯德基"疯狂星期四"。网友只要套用模板,就能实现二次加工。"疯狂星期四"的"梗"通过无厘头反转制造了幽默感,而幽默一直是传播效果最好的诉求之一。

肯德基的"疯四文学"符合品牌目标消费者(年轻人)的语言习惯:娱乐性强、足够好笑。消费者在社交网络上传播"疯四文学"方案时,展现了自身幽默有趣的一面,既有利于塑造自身幽默有趣的形象,也能达成与朋友"接头暗号"般的社交属性,所以他们乐于传播。创作门槛低、可灵活套用的特点,是"疯狂星期四"实现广泛传播的前提。

二、推波助澜:企业官方出击,趁热打铁夯实热度

没有无缘无故的"热搜","疯四文学"火爆起来的背后,是肯德基孜孜不倦的努力。网友玩梗的"自来水"行为有一个显著的特点:来得快去得也快。如果没有商家的推波助澜,往往很难在互联网世界中激起大的水花。

肯德基在网友的"玩梗"热情即将消退之际,以官方身份亲自下场"玩梗",在视频号开启了一场"肯德基疯四文学盛典"直播,并定期发布"狂欢召集令",以维持热度。在长达半年多的时间里,每周都有大量的"疯四文学"刷屏,最终让当初"买买买"的"疯狂星期四"演变为一个现象级热梗、一场文学狂欢。

热门话题的背后通常是"钞能力"在起作用。 肯德基每周周四变着花样做特价优惠活动,9.9元两块原味鸡,19.9元20块黄金鸡块,29.9元8个葡式蛋挞,性价比越来越高。肉眼可见的真实优惠,才能培养"死忠粉"。"文学狂欢党"的本质是"薅羊毛党","实惠+文学"双驱动,才能使"疯狂星期四"不断冲上热门。

三、IP化和节日化:实现传播的"长尾效应"

"双十一""双十二""618",这些京东、天猫平台发起的"节日",年轻人明明知道是商家的套路,却热衷参与。肯德基对于这样的"人造"节日,自然羡慕不已,于是有了将"疯狂星期四"节日化的野心。客观来说,餐饮品牌"造节",不只肯德基野心满满,麦当劳也推出过"嗨翻星期一"活动,就连蜜雪冰城也推出了"周三会员日"活动。但唯独肯德基的"疯狂星期四"脱颖而出。

网络流行文化层出不穷,如何让"疯四文学"不白玩,肯德基做了大动作。2022年1月,肯德基成功注册了"疯狂星期四"商标。商品和服务项目为咖啡馆(4301)、快餐馆(4301)、餐馆(4301)、提供野营场地设施(4302)、养老院(4303)、日间托儿所(看孩子)(4304)、出租椅子、桌子、桌布和玻璃器皿(4306)、出租厨房操作台(4306)、出租烹饪设备(4306)、出租饮料分配机(4306)。

2021年4月，肯德基申请的43类服务的"疯狂星期四"商标已经成功注册。随后，肯德基又申请注册了方便食品类、啤酒饮料类、食品类的"疯狂星期四"商标。商标注册成功为"疯狂星期四"实现IP化迈出了坚实的一步。很多企业只会为营销活动取个有趣的名字，但注册商标的并不多。由此可见，把"疯狂星期四"持久化、常态化，肯德基是认真的。

当然，"狂欢节"的诞生，并非企业单方面说了算，要消费者有需求才行。冗繁的工作，让大家都渴望找一个借口去狂欢，哪怕是匿名虚拟狂欢。在这样的背景下，一周一次的"疯狂星期四"，就有了生存空间。肯德基的初衷是什么早已不重要了，重要的是这一天带来的情绪价值。

从效果上看，让人一周惦记一次的"疯狂星期四"无疑是成功的。 过去品牌营销的惯用套路是活动前引流造势——活动执行拉升热度——活动结束酝酿下一个活动。"疯狂星期四"打破了"一场活动只能吃一波流量"的魔咒，它通过周期性重复传播，以周为单位，传播频率相当频繁，如此持续维持住品牌的热度。

【陈轩点评】

促销是刺激消费的常用策略，但到处都是促销会让消费者不知所措，这就是早期"疯狂星期四"促销失败的根源。当"疯狂星期四"从当初的"买买买"疯狂，演变成一场"价格疯+福利疯+玩得疯"的集体狂欢时，它成功了。

"疯四文学"横空出世后，整个营销界又多了一个现象级的案例，它的影响力波及之广泛和深刻，早已超越了广告营销界而成为一种社会文化，无数网友前赴后继为它添砖加瓦，达到了所有广告人梦寐以求的境界。

肯德基"疯狂星期四"活动的成功，至少可以为企业线上传播带来以下启示。

（1）当传统"轰炸式"广告投放并不奏效时，企业要及时转向互联网营销。顺势而为，兴；逆势而为，衰。

（2）"玩梗"很适合餐饮企业的营销。餐饮品牌的用户群体是大众，用"玩梗"这种接地气的营销方式，可以快速吸引大众目光，从而达到提升品牌知名度的效果。

（3）品牌"玩梗"的两个关键："从群众中来，到群众中去"和"品笑合一"。要让目标群体成为主角，由品牌做东，把能团结的人团结到一起，让所有人玩在一起、嗨在一起，让产品自带人格魅力，如此才能打造现象级话题。

（4）要有足够的耐心，即便像肯德基这样的大品牌，把"疯狂星期四"炒起来也历经3年时间。炒作，需要企业自身的努力，更需要成熟的时机。"疯狂星期四"为什么这么久才翻红？因为从2020年才开始流行"野生文学玩梗"。2020年10月，"凡尔赛文学"兴起；2021年，"黛玉发疯文学"和"废话文学"兴起。这些为"疯四文学"的诞生提供了语境。

（5）注册"梗"商标是一种有效防御性手段。尤其是在恶意抢注、商标囤积、攀附名牌的行为屡禁不止的背景下，防御性注册已经成为企业保护自身品牌价值而普遍采取的策略。

阅读心得笔记

PART4

私/域/裂/变

军规 **19**

左手公域矩阵，右手私域社群

【案例拆解】

李佳琦直播间如何时时保持高人气

【背景介绍】

2020年"双十一"预售日，李佳琦直播间的总销售额是33.27亿元，直播间观看人次1.5亿。2021年"双十一"预售日，李佳琦直播间观看人次2.21亿，订单全额数据是39亿元，再创双高。

2022年因为电商整顿的原因，李佳琦消失了109天，9月20日晚，李佳琦回归直播间，人气依然不减：直播间1小时观看量突破2200万，第一件上架的商品手机支架在1分钟内售罄4万件备货。论及粉丝体量，李佳琦是比不过明星的，但几乎没有明星能撼动李佳琦的带货地位。李佳琦直播间的高人气，其实是私域流量经营好的结果。

【案例解析】

李佳琦的成名史很多人都已经知道了，普通本科院校毕业的他，原本是一名欧莱雅专柜的BA（Beauty Adviser，常指专柜导购）。2016年，网红机构美ONE公司与欧莱雅集团举办了"BA网红化"的淘宝直播比赛，李佳琦脱颖而出，自此进入了直播带货领域。

2016年年底，李佳琦正式开始美妆直播，前三个月一直没有起色，他有了放弃的念头，这时，老板劝他再坚持三天。接下来的三天，赶上淘宝直播扶持男主播，李佳琦有机会享受到三天的流量推荐。第一天，观看人数翻了 10 倍，从 2000 以上升到了 2 万以上；第二天涨到了 5 万以上，李佳琦自此走上了腾飞之路。

2018 年 9 月，李佳琦成功挑战"30 秒涂口红最多人数"的吉尼斯世界纪录，成为涂口红的世界纪录保持者。自此，被称为"口红一哥"，这成了李佳琦的核心卖点，足以让他在万千美妆达人中脱颖而出。2018 年"双十一"，李佳琦组织了一场引发全民关注的活动，他与马云 PK 卖口红，并最终战胜马云，一战成名。

成名后，李佳琦开始疯狂布局自己的私域流量，这是他卖什么都能火的基石。李佳琦玩私域，有两大厉害之处。

一、矩阵引流

2018 年 12 月，一个人将李佳琦推向了"全网网红"的宝座，她就是淘宝直播负责人赵圆圆。当时，李佳琦所在的公司美 ONE 邀请赵圆圆做客，在谈到李佳琦未来的发展方向时，**赵圆圆给出了"站外扩大影响力、站内转化变现"的建议，即做"全域网红"**。自此，李佳琦团队相继开通抖音、快手、小红书等账号，开始了全域运营。

2019 年，李佳琦登上了抖音黑马榜，黑马榜第一名是《人民日报》，总粉丝数 5627 万，2019 年涨粉 4785.6 万；第二名是"央视新闻"，总粉丝数 4668 万，2019 年涨粉 4180 万；第三名就是"李佳琦 Austin"，总粉丝为 3712 万，2019 年涨粉 3511 万。

在抖音上的成功，不仅带火了李佳琦的个人 IP，还成功将大量用户引流至淘宝直播，间接帮助淘宝直播完成了从量变到质变的升级。很快,李佳琦又重新布局微博、B站、小红书,形成了五大平台矩阵,针对不同平台,采取了不同的运营策略。

1. 淘宝直播间:主战场

淘宝直播间是李佳琦最主要的"战场",在这里,他尝试了与明星在直播间进行互动等多样化的形式,多次上榜微博热搜,为他带来了源源不断的话题和热度。

2. 抖音:最大化引流

抖音的流量地位当下无人可比。为了在抖音上也占据一席之地,李佳琦在抖音上频频发布口红测评视频,以魔性、专业的试色、测评,在垂直领域吃透流量红利。随后,他又复制了淘宝直播间的玩法:与明星互动,发布参加综艺及线下活动的剪辑视频,也会偶尔发布工作日常。所有的努力都是为了获得更多的流量。

3. 微博:集中品牌展示

李佳琦的微博内容以直播预告、发布当日商品清单、直播间引流、抽奖等为主,穿插他参与的各大品牌活动、综艺节目的路透及宣传,主要承担了日常宣发的工作,发挥着持续、与粉丝近距离互动的作用。

4. B站:捕获年轻受众

B站的最大特色是视频内容不受时长限制。在B站,李佳琦做了很多契合B站受众的尝试,如出去旅游带什么、公关礼包开箱等合集类内容,展示学生时期的搞笑日常的互动视频等,既具备娱乐属性,又能宣传引流直播间带货,既给粉丝带来了不一样的惊喜,又能逐步拓宽粉丝领域。

5. 小红书:深耕粉丝群体

小红书的受众和李佳琦的粉丝重合度很高,小红书是李佳琦多平台运营的必然选择。有统计资料显示，李佳琦的小红书账号保持较高的更新频率，平均 1.41 天更新 1 篇，内容以种草笔记为主，如"所有女生的 Offer""李佳琦仓库""爆款中国"等，收藏数和分享数都非常高。目前，李佳琦在小红书有 1000 多万粉丝，他的账号流量呈稳定上升趋势。

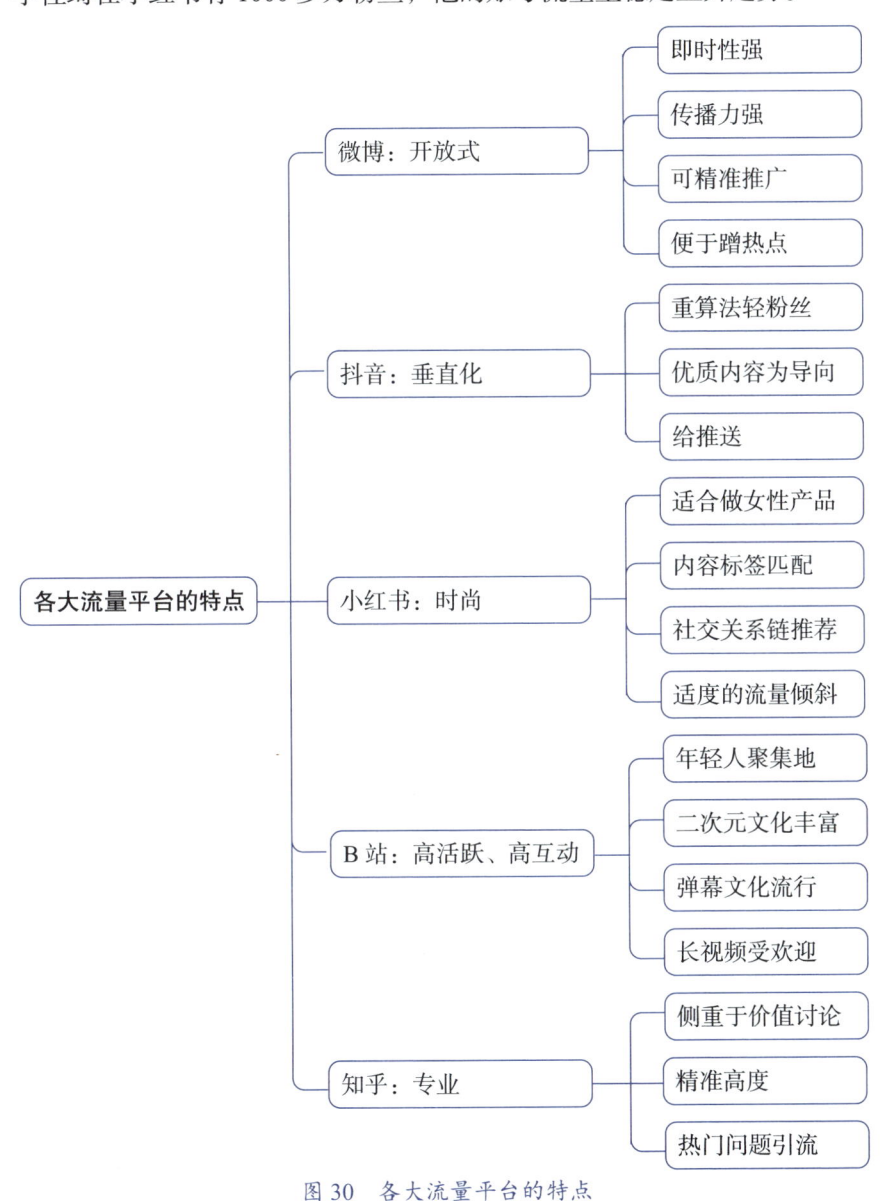

各大流量平台的特点：

- 微博：开放式
  - 即时性强
  - 传播力强
  - 可精准推广
  - 便于蹭热点
- 抖音：垂直化
  - 重算法轻粉丝
  - 优质内容为导向
  - 给推送
- 小红书：时尚
  - 适合做女性产品
  - 内容标签匹配
  - 社交关系链推荐
  - 适度的流量倾斜
- B 站：高活跃、高互动
  - 年轻人聚集地
  - 二次元文化丰富
  - 弹幕文化流行
  - 长视频受欢迎
- 知乎：专业
  - 侧重于价值讨论
  - 精准高度
  - 热门问题引流

图 30　各大流量平台的特点

李佳琦平台的矩阵运营策略非常清晰：根据平台属性，确立不同的内容方向和运营思路，投放差异化内容狙击平台核心用户群，实现最大化引流。

李佳琦平台的这种矩阵玩法，值得企业借鉴。只有掌握各大平台的特点，搞清楚各个平台的"显规则""潜规则"等，在各平台建立"根据地"，才能在互相引流的同时，防患于未然。现在网络管理越来越严格，如果只押宝某一平台，一旦被封号，就都没得玩了。玩转私域，首先要让平台之间的流量交互，把流量整合起来，然后再去做粉丝沉淀。

二、社群沉淀

2019年，李佳琦创造了一年直播389场的纪录。李佳琦之所以能创造这么高的纪录，有两个重要的原因。

其一，背后有一支超过300人的私域运营团队。

从场控到客服，从商务联络到产品管理，从优化直播技巧到研究淘宝和抖音的流量逻辑，他们为李佳琦提供了近乎保姆级的服务。一支产品进到李佳琦手里，需要经过库存、原价、优惠价、佣金比例等指标考核；负责指挥商品对应店铺运营的商务人员要随时待命，配合李佳琦在直播中的节奏，在商品售罄后追加库存，且要掌握好修改库存的时机，过早则无法充分调动粉丝的购物欲望，过晚则粉丝会失去耐心。可以说，李佳琦背后的运营团队的执行力十分高效。

其二，社群管理做得好。

李佳琦淘宝直播粉丝数有2700万，看上去不缺流量。但实际上，粉丝再多，在直播时未必就会瞬间人气高涨。为了时刻保证直播间的高人气，李佳琦打造了数百个优质社群，每个群400人的规模，用户活跃度都很高。

李佳琦社群门槛很高，在李佳琦直播间买得够多、看得够久，才能进粉丝群。在进入粉丝群之前，需要向李佳琦助理团队的个人微信号提供直播间亲密度的截图。新用户入群后，群管理员会要求在群昵称里备注自己的肤质，方便推荐美妆、护肤类的产品和避免不必要的争论。

在李佳琦的粉丝群里，每天上午的固定时间，机器人都会在群里提醒群成员打卡。粉丝打卡获得相应积分之后，就可以去商城里兑换奖品。通过这样的激励引导，保持活跃度。

每天直播前几小时，群里的机器人助理都会预告今天的直播活动，介绍直播的时间、主题及商品清单。每次发布完商品预告清单，都会引发粉丝们的讨论。

直播开始后，小助理们会第一时间在群里分享直播间的链接。甚至有不少粉丝，也会自发来粉丝群分享直播间链接，这样引流之后，淘宝直播间的人气很快就上来了。社群粉丝还会提出自己想要买的商品，管理员也会引导粉丝们填写心愿单，这样选品就有了方向，直播转化率更高。

【陈轩点评】

首先要明确一下公域流量和私域流量的区别。需要向平台购买后才能使用的就是公域流量。公域流量平台如淘宝、百度、京东、拼多多、美团、头条、抖音、快手、小红书、大众点评、汽车之家等。

比如淘宝，蓝莓企业的老板在淘宝开直通车，全年一共花了2000万元，淘宝就给蓝莓企业100万潜在客户的流量。也就是说在淘宝平台上让这100万人能看到他们的产品。至此，公域流量的买卖就结束了。

最终这100万人中，有多少人会花钱购买他们的产品，那就是转化的问题了：产品有没有竞争力、广告做得好不好，图片诱不诱人。100万的流量用完了，还想再要100万个客户，那就只能再花2000万元。**"花钱就有，用了就走"，这就是公域流量营销的特点。**

很多人会问，线下的零售店，是公域流量还是私域流量？——也是公域。通过租赁的方式，购买了学校门口的学生客流，把店开在市中心、地铁站、医院边，无论是按摩店、药店、餐饮店还是房产中介，都是通过租金买客流，都是公域流量的模式。

线上和线下的区别就是线上辐射全国乃至全世界，线下也就周边一公里的商圈。无论是线上运营还是线下运营，只要是向公共平台购买流量，都是公域流量模式。流量隶属于平台，按次售卖。付一次钱，只能获得一次流量。

正是由于公域流量的稀缺和转化率低，私域流量营销才越来越火。2020年被称为私域流量元年，因为疫情，私域流量营销更加紧迫和实用。为什么要做私域营销？两个词总结那就是——"便宜、好用"。

私域流量为什么便宜？

私域流量是从公域流量转移来的，刚开始公域流量是廉价而且高效的，随着互联网的发展和市场竞争的加剧，公域流量不断涨价，获客成本持续增高，在这种情况下，私域流量营销随之兴起。这里笔者给私域流量下个定义：私域流量是以用户运营为核心，属于单一个体和组织自有的，一次获取后能反复利用、能开展个性化运营的用户资产。比如微信、朋友圈、公众号、企业微信、视频号、品牌官网、品牌自营App、品牌微博群、电商粉丝群等。

这几年，抖音、快手、B站等的用户数量增长较快，但在使用频次、用户时长和渗透率上，微信还是私域流量领域当之无愧的王者。私域流量才是真正属于自己的流量。不用花钱买平台的流量，也不用刷脸找各种场景"蹭流量"。

私域流量为什么好用？有以下三个原因。

第一，私域流量聚集的是精准客户，容易成交；

第二，在私域流量中能频繁地与客户进行互动，能不断地创造交易机会；

第三，私域内容对消费者购买决策的影响更大。私域流量是经过筛选的流量，对品牌不感兴趣的客户肯定也不会添加品牌的企业微信群。既然感兴趣，之后愿意掏钱购买的成功概率就很高。同时因为私域流量掌握在自己手里，可以主动地、频繁地和消费者互动沟通，创造销售机会。

简言之，私域流量有以下两大特点。

（1）流量归自己所有，可反复触达。

（2）适合精准营销，转化率极高。

建立私域流量池，分为两大步（见图31）。

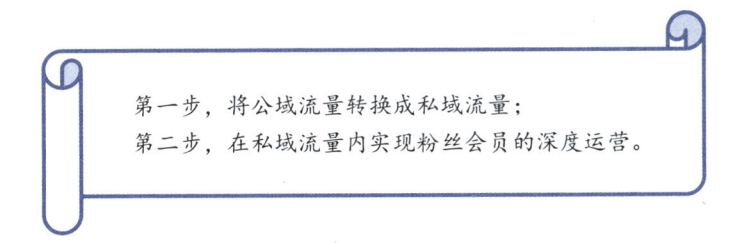

> 第一步，将公域流量转换成私域流量；
> 第二步，在私域流量内实现粉丝会员的深度运营。

图31　建立私域流量池的两个步骤

这是私域流量池的系统性打法，无他。李佳琦直播间就是这么做的，任何企业都得执行这个总策略。

阅读心得笔记

军规 20

左拳线上炒作，右拳线下变现

【案例拆解】

樊登读书会崛起的密码，就这么简单

【背景介绍】

在知识付费领域，有三个代表人物——吴晓波、罗振宇、樊登。其中，樊登是起步最晚、变现最快的。樊登成立读书会的时候，吴晓波和罗振宇还在做免费频道，而樊登读书会一上来就收费。短短两年的时间，樊登读书会变成了知识付费领域第一"网红"，轻松实现身价过亿元。就连"前辈"罗振宇也忍不住对樊登竖起大拇指："我要向你致敬！"

【案例解析】

樊登，曾是中央电视台节目主持人，主持过《实话实说》《12演播室》《选择》《三星智力快车》《成长在线》《奋斗》《商界传奇》等节目。2013年，樊登从央视离职，回到母校西安交通大学成为一名老师。

在给学生们讲课的时候，很多学生请他推荐书单。于是，樊登将自己读过的每一本书，提炼成精华，做成PPT，试着卖给学生们，收费300元。让他意想不到的是，购买的学生非常多。这件事让樊登萌生了靠卖阅读心得创业的想法。

军规 20　左拳线上炒作，右拳线下变现

为了试水，樊登建了一个付费微信群，每天定时在群里给学员们讲书。仅一周的时间，一个群就变成两个群。两个月后，两个群变成了八个群，有上千人成为樊登的付费学员。

2013 年 10 月，樊登读书会成立。**读书会瞄准的痛点是绝大多数人需要学习、需要读书，但是没有时间读书，没有能力读出精髓、读出味道**。当时，市面上解读图书的"网红"已不少，他们普遍以搬运图书精华给用户为分享方式，樊登做出了差异化解读——将书中的内容和现实生活及自身感悟相结合进行深入解读。

在运营上，樊登读书会采用两种方式实现快速增长：线上 App 端和线下代理销售会员卡。

樊登读书会的 App 主要以邀请制拉新和积分制拉新为主要拉新机制，整个闭环包括"签到→邀请好友→积分商城"。

樊登读书会的指数级增长主要靠代理机制。樊登读书会的分销模式是：代理商一次买下整个区域的代理权，经手的所有业务都有利润分成。2017 年，其特许经营加盟费是 3 万元，书店运营管理费是 2 万元，书店开张还要采购 5 万元的会员年卡。之后还有严格的考核机制，每家书店至少配备 3 名工作人员，每周至少在书店举行一次线下沙龙，每月发展 20~150 名付费会员。

为了高额加盟费和奖励激励，代理商都很拼，于是樊登读书会在线下发展得非常快。例如，黑龙江有一个叫宝清县的边境小县城，常住人口 5 万多人，竟然发展了 4000 多名会员，并且续费率高达 85%。经过 4 年的发展，樊登读书会的会员人数已超过 690 万，在全球拥有 1700 多个分会，还在美国亚特兰大、加拿大多伦多等地成立了 47 个海外分会，

年收入破亿元。

在随后的发展过程中，**樊登读书会从不砸广告，完全靠会员转介绍来实现用户扩张**。比如某著名产业基金董事长成为读书会会员后，主动在朋友圈推荐，一个人带来200多名会员；又如某著名投资人成为读书会会员后，要求所有参与投资的公司团队成为会员一起读书学习。

在踏足知识分享领域时，樊登就对自我有着比较清晰的定位。他利用学霸、前央视主持人和媒体人的身份，很自然地为自己建立了知识分享达人的人设；在产品打造上，也创造出了**差异化模式——用咀嚼式的解说，把每本书的精华"口语化""场景化"地分享给大家**。

在一群"领读者"角色的竞争对手中，他扮演起了"说书人"的角色；为了强化自己的专业形象，樊登在服装上多以深蓝色为主……可以说，在品牌形象设计上，樊登用足了自己之前累积的优势。

在完成了基础品牌的打造之后，樊登读书会开始有计划、有步骤地进行品牌传播。朋友圈裂变、社群裂变、线下读书会裂变只是第一步；抖音火了之后，樊登开始在抖音建立几千万粉丝矩阵；随后开启全渠道社交媒体传播，樊登本人在微博、今日头条、快手等平台不遗余力地为读书会引流。

有了巨大的流量和口碑之后，樊登开始"一变多"的商业变现。

（1）"樊登读书会"品牌通过"知识分享＋严选商城"的方式变现。

（2）"樊登书店"品牌也建立了自己的产品矩阵：书＋饮品＋名品＋优品＋会员卡＋社群营销。

（3）针对青少年群体的新品牌——"樊登小读者"，则通过售卖音视频解读产品和绘本读物的方式变现。

军规 20　左拳线上炒作，右拳线下变现

樊登读书会崛起的密码
- 微信社群试水，积累种子用户
- 线上 App 邀请制拉新和积分制拉新
- 线下代理销售会员卡
- 不砸广告，靠会员转介绍裂变
- 全渠道打造 IP，为私域引流
- 打造产品矩阵和品牌矩阵互相引流

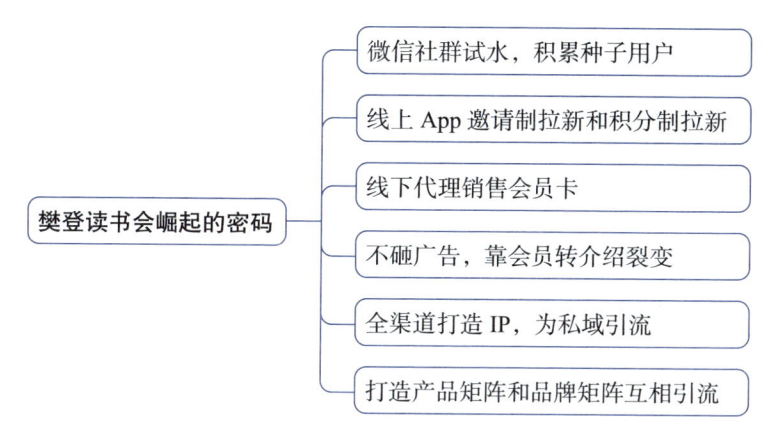

图 32　樊登读书会崛起的密码

【陈轩点评】

私域流量营销五板斧：公域流量引流、需求分类客户、特价爆款常规化、创意内容持续化、社群口碑裂变化。

这五板斧是私域流量营销的关键。

第一是公域流量引流。私域流量运营最难的就是怎样与用户建立连接，怎样把流量从公域的池子引进私域的池子里。为了快速增加私域流量，建议企业给员工做一些考核，用正激励的方式引导他们去做。

第二是需求分类客户。客户加群后，就要根据他们的需求特点对他们进行分类。分类是精细化运营的前提，所谓知己知彼，百战百胜。

第三是特价爆款常规化。比如每周 × 晚上九点，可以推出一个爆款特价，给客户们创造确定的幸福和不确定的惊喜。

第四是创意内容持续化。除了特色爆款，内容是性价比最高的营销载体。组建内容团队，持续输出简单、奇特、具体、可信、

有故事、有兴趣的内容，才能强化人设、强化定位、强化链接、强化社群的归属感。

例如，私域流量的大玩家——宝岛眼镜，便发动了8000名员工在美团、小红书、快手和抖音等平台上为宝岛眼镜发声；培养出了3000名大众点评等级在六级以上的员工和几百名具有3000名以上粉丝的小红书用户。

第五是社群口碑裂变化。比如幸福西饼，拉5个会员，送顾客一个原价199元现价39元的蛋糕；比如自如，拉5个会员，送用户一套自如礼品等。在拼多多、京东、麦当劳、瑞幸咖啡的企业微信群里，也有类似的裂变激励。这种由用户来抓住用户、由客户来发展客户的自增长模式，是实现私域流量运营闭环化的核心。

"公域流量引流、需求分类客户、特价爆款常规化、创意内容持续化、社群口碑裂变化"，这五板斧是简单、实用、典型的搭私域流量池、精细化运营转化的战术集合。其根本目标是"用内部管理费用打掉公域流量费用"。

阅读心得笔记

军规 20　左拳线上炒作，右拳线下变现

军规 21

刀尖上跳舞的"三级分销"拉人头

【案例拆解】

七位"90后"创业两年狂赚 3 亿元，揭秘微课传奇的爆发式增长

【背景介绍】

七位没结婚的"90后"，教别人教育子女，两年狂赚 3 亿元，最终戴着镣铐上法庭。微课传奇 App 的这种增长其实是"玩火自焚"。微课传奇的爆雷，似乎是因为打着"量子波动速读"的旗号进行高价培训而闯的祸，号称"利用 HSP 高感知力进行量子波动速读，1～5 分钟可以看完一本 10 万字的书，并能完整复述内容"。

该事件经过曝光后，有关监管部门对微课传奇进行了检查，意外发现了微课传奇危险而传奇的增长模式。

【案例解析】

先来简单梳理一下微课传奇发展的时间线。

- 2014 年，杨红岩在山东省济南市高新区注册成立济南超软企业管理咨询有限公司，之后更名为山东龙岸企业管理咨询有限公司（简称"龙岸公司"）。

军规 21　刀尖上跳舞的"三级分销"拉人头

- 2017年12月19日，杨红岩以龙岸公司100%持股的方式又注册成立了山东龙智信息科技有限公司。
- 2018年1月5日，公司推出微课传奇App；8月，微课传奇App推广遍及全国23个省、自治区、直辖市，69座城市，举办亲子教育沙龙780多场，家庭教育行业峰会85场。
- 2019年，微课传奇App注册用户突破200万人，团队拥有200多名员工。同年8月，微课传奇App的注册用户突破500万人。
- 2020年，微课传奇开发出1458家"分公司"，营收达3亿多元；同年2月，7位创始人的行为触犯了《中华人民共和国刑法》第二百二十四条之一规定，因涉嫌组织、领导传销活动，被移送审查起诉，创始人杨红岩等21人由临邑法院审理。

一、微课传奇的增长模式

微课传奇根据购买课程的金额，将App的用户逐级划分为六级：VIP、顾问、省代、总代、合伙人、分公司。

最低的VIP会员需要缴纳365元，最高的分公司需缴纳20万元。成为微课传奇的上述六个级别的用户后，发展下线购买课程可以获得推荐奖等奖励。

- 直接发展一名VIP用户可以获得50元的奖金。
- 顾问、省代、总代、合伙人发展同级别用户，可以获得会员费用的50%的奖金。
- 分公司发展同级别用户，可获得会员费用的20%的奖金。
- 下线再发展一名同级别用户后可获得会员费用的10%的奖金。
- 除了返利外，用户还能获得分公司团队奖和分红奖。

187

- 当直接推荐分公司达到 5 人，且间接推荐分公司达到 20 人时，可拿到业绩的 5% 作为团队奖。
- 根据发展下线的级别不同，还能获得相应的积分及所有分公司业绩的分红奖。

微课传奇就是这样根据自己制定的这套奖金分配制度，以推销 VIP 会员为由，不断吸引参与者交纳高额入门费，以实现"两年 3 亿元"的高速增长。

二、传销界定

自 2009 年"传销"首次入刑至 2017 年，全国审理的组织、领导传销活动罪案件逐年增加，尤其在 2013 年出台《关于办理组织领导传销活动刑事案件适用法律若干问题的意见》这一司法解释后，传销犯罪案件呈爆发式、井喷式增长。

中国社科院主办的 2019 年《社会蓝皮书》显示，2018 年上半年，全国共立案传销类案件 2500 余起，涉案金额达 238.9 亿元，案件增幅较以往呈上升趋势。此类犯罪呈逐年上升趋势，社会危害性越来越强。

- 2016 年 9 月，广州云在指尖电子商务有限公司被湖北省咸宁市工商局没收违法所得 3950 万元、罚款 150 万元。
- 2017 年 5 月，浙江省工商部门对云集微店没收违法所得 808 万元、罚款 150 万元。
- 2018 年 7 月，浙江省杭州市余杭区市监局对杭州达辰网络科技有限公司旗下"达人店"没收违法所得 240 万余元、罚款 150 万元。
- 2019 年 3 月 14 日，广州花生日记网络科技有限公司收到广州市市场监督管理局的行政处罚决定，因其涉嫌传销行为而被没收违法所得 7306.5766 万元，处以罚款 150 万元。

三、微课传奇是不是传销

广西大学莫志强副教授分析了 200 多个最新的传销判决案例之后，结合 2010 年最高人民检察院、公安部发布的《关于公安机关管辖的刑事案件立案追诉标准的规定（二）》第七十八条第一款规定，总结了司法机关对组织、领导传销活动罪的认定标准。

其一，以达到司法解释要求的 3 层级和下线人数 30 人以上为定罪标准。

其二，以行为人是传销组织的发起人、是主要领导者身份为定罪标准，采用这个标准定罪的占 200 个案件中总人数的 1/293。

从这两个标准来看，微课传奇六层级划分、200 多人的团队是传销无疑了。法律规定传销组织必须达到一定规模才能将相关人员的行为按照传销犯罪来处罚。之所以要达到一定的规模，是因为没有一定的规模可能就无法对社会经济秩序造成严重破坏，就只能视为《中华人民共和国刑法》第十三条所指的情节显著轻微、危害不大的范畴。

如果传销组织的层级少，就意味着下线人数也少，则上线能够骗取下线的财物必然也少。微课传奇如果自始至终只有 7 个人，那么也不可能获得 3 亿元的收入。同理，层级数即使达到 20 层，如果每层下线人数只有 1 人，上线能够骗取的财物也不会多，其传销的效果也就不足以对社会经济秩序造成严重影响，因此不需要以犯罪来处罚。

人数和层级是判断传销犯罪的关键标准。一般的传销组织与达到犯罪程度的传销组织不同，只有属于传销犯罪组织的，才会对相关组织者、领导者定罪处罚。

在传销的判断上，还有主观判断，如依照法律规定，构成组织、领导传销活动罪在主观上必须符合直接故意，即"三个明知"：

- 明知是违法的行为。
- 明知行为对社会有害。
- 明知行为会造成危害结果。

判断"三个明知"的逻辑有五种：

- 明知是鼓励发展下线的。
- 明知无实际经营。
- 明知发展会员能获利。
- 明知获利远远超过正常的劳动收入。
- 即使不知也不影响定罪。

综上判断，微课传奇是典型的"会销+传销"形式，以 App 为载体进行犯罪活动的。作为传销犯罪在新的社会背景下的产物，和传统传销模式相比，微课传奇的"微传销"本身更具诱惑性和虚拟性，其独特地发展下线的方式往往会让群众失去警惕。

狂妄的"六级分销"更给急于创业的群体带来极大的诱惑。由于其对人身的控制性与传统传销相比非常微弱，令很多人深陷其中而不自知。尤其通过微信、微博、快手、抖音等社交平台，以及在线下开分享会、发传单和宣传手册等方式，推广微课传奇的经营模式和经营理念，招来更多的消费者加入的同时，将旗下符合条件的成员直接发展成下线。

军规 21　刀尖上跳舞的"三级分销"拉人头

【陈轩点评】

舒马赫是现代最伟大 F1 车手之一，几乎刷新了每一项纪录，赢得 7 次总冠军。当他透露自己成功的经验时，他说："我之所以胜利，就是因为我比对手更懂得如何刹车。"

创业就是赛车，营销就是换挡，增长就是踩油门。在你全力以赴超车加速之前，一定要记得踩刹车，这才是保命的关键。

创业者渴望增长，绞尽脑汁追求突破，这可以理解。但必须在法律许可的范围内发展，一旦突破禁区，即使是指数级的大增长，最终也只能是昙花一现，戴着真镣铐去后悔。微课传奇的亡命增长带给创业者以下警示。

1. 追求增长，一定要远离传销

传销定罪过程中，即使你不知道传销犯罪，但是如果卷入其中，也会被定罪，即所谓"即使不知也不影响定罪"。

违法传销之所以受到严重打击，在于其本质上是一场"庞氏骗局"，没有真实合法的收入来源，而仅以发展新成员获得入门费进行分成来维持暴利的假象，一旦不可持续，整个组织随之崩塌，此时顶层组织者、参与者已经获得了暴利，而新加入的参与者则血本无归。

2. 分利层级不要超过两层

分利层级多一级就是传销，即"创业团队—合伙层级 1—合伙层级 2"。

比如花生日记被罚 7450 万元，就是多增加了一个超级会员的层级，成为三级分销的铁证。

3. 拉人头式和入门费不直接划为传销

拉人头式是指以发展的下级人员数量计算报酬，入门费式是指交纳或变相交纳费用取得加入或发展其他人员加入的资格。但在商业实践中，单纯地发展人员加入或者交纳费用加入并不构成传销。

前者的合理模式如京东、知乎等"拉人返现"推广模式，后者的合理模式如加入美团买菜、每日优鲜交纳会员费等。

拉人头是行为表现，获取入门费是行为目的，两者是同一行为的不同方面。拉人头不要求交纳入门费的，没有按人头分配的资金基础；交纳入门费不拉人头的，没有分成的层级结构。

4. 薪酬设计中要防止陷入团队计酬式经营性传销

我国对传销的界定，主要是从拉人头、入门费、团队计酬这三种形式出发的。一旦制定了"以下线销售业绩为依据计算和给付上线报酬"的抽成规则，就符合团队计酬的形式要件。

团队计酬式与拉人头式的区别在于，是以销售业绩计酬还是以发展人员数量计酬；与入门费式的区别在于，是以自身销售收入以外的其他收入为主要计酬依据，还是以入门费为主要计酬依据。

在将拉人头式和入门费式结合认定之后，可以发现团队计酬式与前两者存在较大的不同：前两者是性质是否合法的问题，后者更多的是比例是否合理的问题。

刑法认为，组织、领导传销活动罪处罚的只有拉人头式和入门费式两种不具备真实经营的诈骗型传销；团队计酬式传销属于经营型传销，情节严重的应当按照非法经营罪处罚。因此，团队计酬式传销的规制逻辑与拉人头式、入门费式传销不同，更多的是出于经营结构合理性的考虑。

我国目前对部分多层次直销通过行政许可的方式允许其经营存续，可知团队计酬形式本身可能存在合理的空间。

阅读心得笔记

军规 22

用员工带来客户，将客户变成员工

【案例拆解】

周大福 4 万员工，加出来 500 万私域客户

【背景介绍】

疫情期间很多线下门店无法开张，倒闭了一大批实体店，而珠宝品牌周大福却通过私域运营开辟了一条可行之路。周大福是一家成立于 1929 年的珠宝企业，全球大概有 4500 家门店，拥有 500 万私域客户。2019 年，周大福开始了做企业微信的尝试，两周内在全国开通企业微信，实现员工与客人的连接，线上的订单涨了一倍，会员复购率提升至 50%。

【案例解析】

周大福社群运营的最大特色是"以人为本""团队制胜"，其在运营团队的搭建、管理、考核方面有着丰富的实战经验。

一、搭建团队

事实上，周大福一开始并没有一个真正意义上的私域运营部门。于是，周大福先组织一个小组进行试运营。2020 年，周大福才正式启动新零售部门，由产品、运营、体验等十几个人组成。这些成员，一部分

是从电商部门调过来的，一部分是从门店、渠道调过来的，还有挖过来的专门负责数据分析的人才。

真正既懂一线实操，又有一定的数据分析能力，还有电商经验的复合型人才，非常难找。周大福采取的是组合拳打法，通过汇集各有专长的不同领域的人才，来达到"1+1+……大于N"的效果。这是一种比较接地气的解决方式。

二、考核指标

周大福其实只有4万名员工，而他们的企业微信添加的好友数却一度达到500万，这个数字很惊人。不过，周大福私域团队并不看重这个人数，他们希望"做精"。为此，团队对这500万客户进行了细分，摸清楚了哪些是新客户、哪些是老客户、哪些是准客户，在此基础上制定对应的转化政策。

周大福对私域团队的考核很特别：考核指标最基本的是渠道销售额，其次是每天添加的客户数，然后是员工添加的客户的日活度。周大福的考核战略是：先把员工UV（Unique Visitor，独立访客）带起来，然后提升客户的UV。

换句话说，周大福的第一步并不追求转化率，而是追求员工能提供什么好的服务给客人，然后吸引客人与周大福互动，进而提升转化率。这是一种漏斗型销售模式。周大福认为，一开始就追求转化率，客户的体验并不会好。

三、团队特质

一个优秀的私域团队，需要具备哪些特质呢？

周大福认为，首先，要懂腾讯生态圈。因为企业微信是腾讯旗下的一个账号，企业要发挥它的功能，需要与腾讯的不同模块进行整合，否则很难发挥这个武器。

其次，要懂前线商业运作，这很重要。周大福私域团队有几位成员是真的有门店经验，在门店待过很长时间，与客户接触过很多次。他们知道企业需要设置什么功能与服务给前线的4万名员工，才能带给客户最好的体验。

四、数字化管理和系统化解决

周大福设计了很多管理模块，来考核渠道经营。这个名叫"周大福有数"的系统，与腾讯的各个业务都有关联性。周大福花重金找了腾讯智慧零售团队来定制开发，还投资了一家开发公司，目的是把外部开发力量与自己的运营能力最大化整合。

通过与腾讯智慧零售团队深入合作，周大福将全面打通企业微信平台、官方小程序和CRM（Customer Relationship Management，客户关系管理）系统，更进一步将所有的业务部门和业务系统整合进云平台。

线下导购添加顾客沉淀到品牌私域流量池，与顾客的每一次互动，以及导购推荐线上货品给顾客等步骤。周大福以云平台为载体，搭建起了完整的消费者消费之旅，并全程可视化。在线上，周大福通过视频号、公众号、小程序直播做引流；在线下门店，顾客可以通过门店的智慧工具进行互动，以此增加体验感。

五、与顾客深度连接

与顾客连接，不是只添加微信，更需要提升顾客的信任度，当品牌在私域运营做到了一定程度，获得顾客的信任，购买率和复购率自然会提高。周大福作为珠宝品牌，因为其客单价较高，所以顾客在购买时考

军规 22　用员工带来客户，将客户变成员工

虑的就是信任度问题。

周大福解决信任问题，是从满足顾客需求入手的。借助私域沉淀下来的高价值数据资产，周大福能够更好地了解顾客需求。在了解了顾客的真实需求之后，周大福要求一线员工承担起顾问、专家的角色，通过专业、贴心的服务，将商品背后的价值及底蕴传递给顾客。在线上，周大福的员工统一以小助理的形象与顾客交流与沟通。

六、分层管理

作为珠宝品牌，周大福却运营了包括美食群、福利群、爱喵群、潮玩穿搭群、美食健身群等在内的不同属性的社群。顾客可以根据不同的需求和喜好，自愿加入社群，多种社群提升了顾客的好感度。不过社群内运营动作基本一致。社群内发送的内容都有固定的安排，每周一至周末都会设置不同的福利活动。

对于小程序会员，周大福进一步采取了分级管理。周大福将会员分成五个等级。

（1）Fan-Member：授权手机号，享受积分抵现、积分兑礼权益。

（2）白银会员：消费满1万元即可升级，享受入会好礼、积分抵现、积分兑礼、消费返积分权益。

（3）黄金会员：消费满8万元即可升级，享受入会好礼、续会有礼、升级有礼、生日惊喜、积分抵现、积分兑礼、消费返积分、积分翻倍权益。

（4）铂金会员：消费满20万元即可升级，享受入会好礼、续会有礼、升级有礼、生日惊喜、积分抵现、积分兑礼、消费返积分、积分翻倍、节日尊享、珠宝品鉴权益。

（5）钻石会员：消费满40万元即可升级，享受入会好礼、续会有礼、

升级有礼、生日惊喜、积分抵现、积分兑礼、消费返积分、积分翻倍、节日尊享、珠宝品鉴权益。

为了方便会员快速升级，周大福还设立付费会员制（一年88元，限量1万名，开通即可享受五大特权：K+礼券、专属礼赠、生日礼券、积分抵用券、退货免邮）和积分体系（通过消费或完成任务获取积分，积分可换购商品或参与会员活动；通过签到和抽奖获取积分，积分可兑换金饰）。

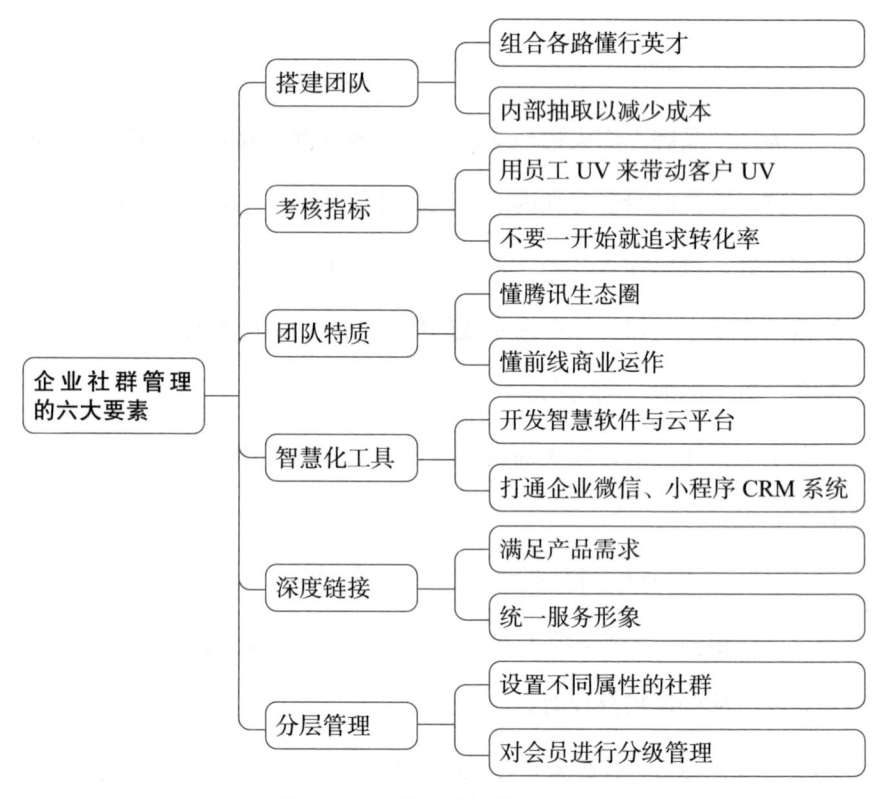

```
                        ┌─ 组合各路懂行英才
               ┌ 搭建团队─┤
               │        └─ 内部抽取以减少成本
               │
               │        ┌─ 用员工UV来带动客户UV
               ├ 考核指标─┤
               │        └─ 不要一开始就追求转化率
               │
               │        ┌─ 懂腾讯生态圈
企业社群管理 ───┼ 团队特质─┤
的六大要素      │        └─ 懂前线商业运作
               │
               │         ┌─ 开发智慧软件与云平台
               ├ 智慧化工具┤
               │         └─ 打通企业微信、小程序CRM系统
               │
               │        ┌─ 满足产品需求
               ├ 深度链接─┤
               │        └─ 统一服务形象
               │
               │        ┌─ 设置不同属性的社群
               └ 分层管理─┤
                        └─ 对会员进行分级管理
```

图33　企业社群管理的六大要素

【陈轩点评】

奢侈品、汽车、家居等行业属于"低频＋高客单价＋高门槛＋高溢价＋高体验＋高个性"的品类。

这类产品营销的特点是：重视产品和服务体验、重视品牌忠诚度、关注品牌动向。

- 私域流量运营要记住八个字："服务驱动，全面立体"。
- 在交互方式上：采用企业微信、小程序等方式进行互动。
- 在内容创作上：围绕消费者，深入个人生活。高度定制,针对性强。给消费者自然、朋友般的情感关怀。

阅读心得笔记

军规 23

小程序是玩转社群的好工具

【案例拆解】

百果园是如何通过社群拉动销量的

【背景介绍】

百果园在全国有 1 万多家门店，7000 万线上会员，2.5 万个企业微信客户群，平均一个门店可能有 3～4 个企业微信客户群，通过社群引导客户在小程序下单，销量增长了 5 倍。其最核心的打法就是"企业微信＋小程序"。

【案例解析】

百果园在社群营销方面比较注重实战，下面分享它在拉新、维护、执行方面的"323"打法。

一、拉新三途径

百果园在管理上要求所有导购人员添加顾客为好友。具体做法如下：

首先是 POS 系统识别拉新。百果园实现了精细化识别用户的技术。例如，顾客到店购买时，导购人员输入其会员账号后，POS 系统就会对导购人员有一个精准的提醒："该顾客未进社群，请添加顾客到社群"。

其次是利益诱惑拉新。百果园将拉新利益点标准化：顾客首次入群获得五元优惠券，如此一来，导购人员在邀请顾客入群时，就变得非常简单。

最后是利用二维码拉新。百果园是一个线上线下一体化的企业，会有很多外卖类订单。在每个订单中，百果园都会放一个包含"二维码+文案"的卡片。在文案上，百果园竭力引导顾客去扫描二维码，加入社群。

通过以上方法，百果园成功收获了一百万用户。企业只要基于自己的业态特征，找到核心的方法，就可以快速识别目标群体。方法不在于多，高效才是关键。

二、维护二层面

社群运营，是一个系统化工程，核心还是企业能否给顾客提供足够大的价值。百果园将私域流量运营细分成日常运营和活动策划两部分。

日常运营属于基础工作，百果园会给门店做好规划和具体定义：在每个时间段，必须向顾客传递的信息。例如，门店店长每天早晨开业之前的第一个动作是拍摄好新到店的一些产品，拍摄图片务必精美；然后发到社群里，着重向顾客推荐价格比较优惠的商品或者近期爆品。

再如，每天下午门店还会和顾客开展互动游戏，每天晚上也会和顾客道一声晚安。这些基础运营工作，百草园有一套标准工作守则。

除了日常基础运营工作之外，百果园会独立策划一些社群活动。例如，在群里会做爆品接龙，或者秒杀活动，再或者"天天有惊喜"之类的活动。事实上，每一次策划活动，转化率都比较高。因为企业微信对比个人微信，有一个较大的优势——能够识别出某个顾客是否在群内。

百果园曾对企业微信用户做过详细的数据分析，进而把用户分成群内用户和未在群内的用户。百果园称入群用户为"应用组"，称非在群的用户为"对照组"。数据分析显示：加群新用户的次月留存率，比未加群用户的次月留存率会高出两倍；低频老用户入群之后，次月复购率 ARPU（Average Revenue Per User，每用户平均收入）值会比非入群老用户提升 50%；中型用户的 ARPU 值和流存率的提升，也会超过 15%。

三、转化三法宝

1. 会员日营销

每周二百果园会举行一个社群会员日活动——"国民水果日"。这是针对社群用户发放的专享福利，只有群内用户才能在每周二享受到特殊折扣。社群用户在群内领取优惠券，到门店消费享受折扣，此举为百果园带来几点帮助。

（1）提供拉新机会，周二新添加企业微信的会员高达 10 万人。

（2）专享福利给人尊享感的体验，会提高留存率。

（3）拉升销售额。百果园每周二的销售额会比日常高出约 30%。

2. 爆品营销

爆品营销是另外一个比较有效的运营方法。例如，每年车厘子季，百果园都会在群内做一些车厘子的爆品活动。平时卖 50 元 / 斤的车厘子，爆品活动期间，社群会员能够享受 199 元 / 箱（5 斤）的优惠。通过这样的活动，很多门店一天能够卖出 100 ~ 200 份的车厘子，这对一个小店来说，已经是很好的成绩了。

3. 小程序营销

社群和小程序是一对"黄金搭档"。在下午茶时间段，百果园会在群内推送小程序配送到家的链接，再去匹配一些好的商品。经过几个月的尝试，百果园发现，下午茶时间段的销售额对比过去提升了两倍多。

军规 23　小程序是玩转社群的好工具

在社群内进行小程序营销，等于构建了一个场景增量，用户的某个需求因为场景刺激很容易转化成销量。

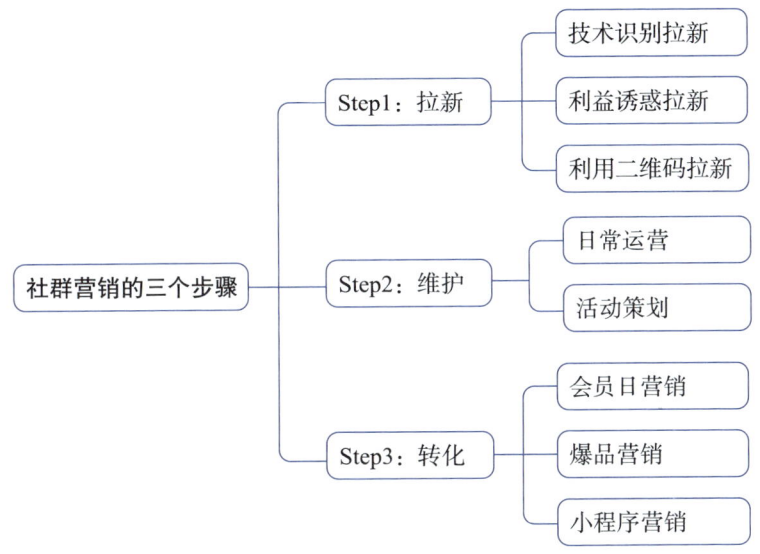

社群营销的三个步骤：
- Step1：拉新
  - 技术识别拉新
  - 利益诱惑拉新
  - 利用二维码拉新
- Step2：维护
  - 日常运营
  - 活动策划
- Step3：转化
  - 会员日营销
  - 爆品营销
  - 小程序营销

图 34　社群营销的三个步骤

【陈轩点评】

餐饮、家庭护理、日化等行业的产品属于"高频＋低客单价＋低门槛＋高冲动型＋高便利性"的品类。

这类产品营销的特点是：品牌知名度要求高、购买便利性要求高、多个品牌同时使用。

- 私域流量运营要记住八个字："促销驱动，简单直接"。
- 在交互方式上：采用朋友圈、小程序等方式进行互动。
- 在内容创作上：以产品与促销为主，商业性强（如促销、活动、新品等）。

阅读心得笔记

军规 24

巧用企业微信，玩转私域流量

【案例拆解】

孩子王如何五步实现企业微信落地，圈定百万粉丝

【背景介绍】

孩子王成立于2009年，是一家以专业为准妈妈和0～14岁儿童提供一站式购物和育儿成长服务的平台，在170个城市拥有近500家大型数字化门店，线上有孩子王App、孩子王公众号、孩子王小程序、微商城、企业微信社群等线上购物和服务渠道。不到一年的时间，孩子王企业微信添加了近500万的企业微信"好友"，累计服务4600万会员。

【案例解析】

孩子王较早意识到私域流量的重要性，在企业微信推出的第一时间，就开始进行私域流量的建设。**孩子王认为企业微信有四大优势**。

1. 无须养号

在个人微信生态下，必须提前半年养号，还不一定很成熟，而且加好友是有上限的。企业微信的好友上限比较高，且无须养号。

2.可以直接进行用户管理

企业普遍有一个痛点：员工离职把企业的用户带走，导致用户留存率低。通过企业微信的用户管理，在职继承和离职继承能很高效地把用户留下来。

3.功能接口更开放

企业微信给企业开放了自主研发功能，如企业将会员体系打通，可以清楚地知道对方是谁，可以进行精准营销。

4.用户数据精准

用户数据不精准，导致企业很难精准地去服务用户，企业微信的这个功能，可以让企业做好精细化经营。

那么，孩子王是如何通过五步法实现企业微信落地的？

Step1：勤培训

孩子王做了一个栏目叫《企微八点半》，门店线下有晨会，在晨会时进行教学。利用晨会这个核心时间节点，促使员工学习，进而让一线员工可以快速操作企业微信。

Step2：给方法

为了让一线员工觉得方案可操作、可落地，孩子王总部整理出一系列方案、资源及工具给一线员工，一线员工只需要下载海报和粘贴文案，然后复制、粘贴、分享即可。

Step3：强激励

为了更好地保障体系的运转，孩子王在分部和总部建立了策略团队。设计激励时，80%的激励给到个人，20%的激励给到组织，以个人为主要核心驱动、以组织为辅助，去推动业务。

Step4：树标杆

从数据中挖掘优秀案例，基于优秀案例分类修订策略，如育儿顾问会有育儿顾问的打法，销售顾问会有销售顾问的打法，数字化团队会有数字化团队的打法。用先进带动后进，让员工带动员工，使门店影响门店。

Step5：造氛围

每个月定一个企微拉新日，通过万元锦鲤的活动刺激用户主动加入。每一期采取不同的方式，营造每个月用一天的时间去完成20%～30%的全月目标的氛围。

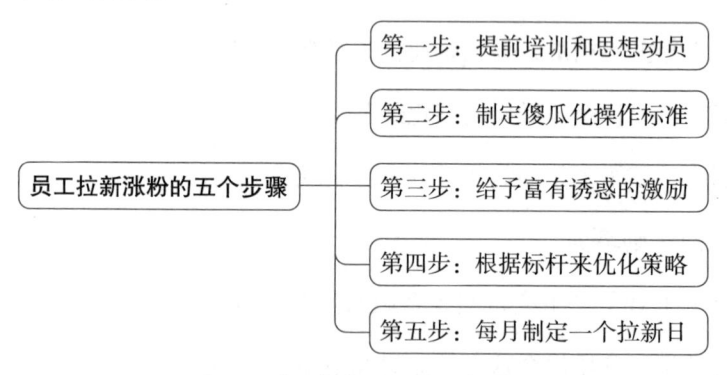

员工拉新涨粉的五个步骤
- 第一步：提前培训和思想动员
- 第二步：制定傻瓜化操作标准
- 第三步：给予富有诱惑的激励
- 第四步：根据标杆来优化策略
- 第五步：每月制定一个拉新日

图35　员工拉新涨粉的五个步骤

【陈轩点评】

母婴类、教育类、高端美妆护肤品等行业的产品，属于"高频＋高客单价＋高专业门槛＋高社交＋高话题性"的品类。

这类产品营销的特点是：产品和周边知识需求多、初次决策过程长、使用产品后忠诚度高。

- 做私域流量要记住八个字："话题驱动、内容丰富"。
- 在交互方式上：采用个人微信、朋友圈、小程序等方式进行互动。

军规 24 巧用企业微信，玩转私域流量

- 在内容创作上：分享品类干货、互动讨论，内容丰富，参与感强。

至此，私域流量介绍完毕，现在总结一下创业者应如何系统地建设流量池。

（1）淘宝、拼多多、美团、线下店、抖音粉丝群等，一切公域流量平台都是建立私域流量池的源头。

（2）创业者个人号：通过朋友圈做曝光、立人设、获得信任、形成交易。

（3）企业微信群：经营用户的私域流量主战场，是降低成本、提升销售额和利润的关键场所。

（4）微信公众号：企业的公共发言人、客户关系管理系统、订阅号负责输出内容来获取用户，服务号负责开发接口深度运营。

（5）小程序和商城：用于交易、收集好评、积累数据、沉淀客户。

阅读心得笔记

PART5

流/量/引/爆

军规 25

"双边市场"做引流

【案例拆解】

东贸国际服装城，福建老板们的流量变现内幕

【背景介绍】

东贸国际服装城位于通燕高速燕郊出口 50 米路北，与北京市通州区一河之隔，驾车 30 分钟可到达国贸。项目商业体量 20 多万平方米，是一个以外贸女装为主及"互联网＋实体"的新型智慧服装城，创新融合了跨境电子商务、时尚新品发布、创意展示中心、服装网络拍板、会务办公等模式。

东贸国际服装城其实是由福建老板投资的。刚开始一个 10 平方米的档口年租金只有 4 万元，如今同样一个档口月租金就已经达到了 3 万元。

【案例解析】

笔者曾与东贸国际服装城的福建老板聊了一上午，发现其获取客流的方式很接地气。

先说结论：

服装城的本质是平台模式，实质是流量变现机器，关键是 B2B2C，最后的 C 是核心。

军规 25 "双边市场"做引流

在这个 B2B2C 模式中：

第一个 B，是福建老板；

第二个 B，是被从北京动物园批发市场赶出来的老板们；

C 不是终端消费者，而是开服装店的小老板们，是第二个 B 的下游分销渠道和零售渠道。

第一步（B2B）好做，毕竟燕郊离北京近，承担的就是服装类的产业转移使命，名正言顺。加上动物园批发市场的老板们大多已在北京买房，转战燕郊当然是首选。

第二步（B2C）才是成败的重点，毕竟燕郊不止一家服装城。比如李福成的服装城就是竞争对手。

换句话说，批发商已经入场了，如何把开服装店的老板们也请进来呢？福建老板想了一招：

通过各地的大巴车司机来聚拢流量。

无论你是北京的、沧州的，哪怕是郑州的，只要你有大巴车，只要你能把开服装店的人拉到我的服装城，我就按人数给你补贴。

福建老板说到做到，"千金买马骨"。这些大巴车司机每天拿到的钱，少则 3000 元多则 5000 元，赚得心花怒放，拼命帮东贸国际服装城的老板拉客。

福建老板舍得砸钱，砸了一年，东贸人流如织，终于起来了。于是，补贴停止，房租涨了 10 倍，开始坐下来"吃肉"。

一、新时代营销，一切都是为了流量

从这个案例可以看出，福建老板就是聚流量的高手,他运用的是"现金补贴"的方式。

首先补贴大巴车司机——按人数给钱，一天让大巴车司机赚三五千元；同时补贴服装店老板，想来就来，没有路费，免费参观；大巴车司机赚到钱，疯狂拉客，疯狂宣传，于是有更多的大巴车司机加入进来。

东贸的硬件和软件都好，于是更多的服装店老板口口相传，积沙成塔。

这种现象在平台战略中被称为"双边市场策略"，形成正循环，过了临界点就爆发了！

新时代营销，一切都是为了流量。"反常即为妖"，所有哗众取宠都是为了引流；有流量才有明天，才谈得上产品体验、交互设计、塑造参与感等黏性问题。

以感性的消费预期吸引客户，解决尝试率问题；再以卓越的产品体验留住客户，解决重复购买率的问题。这就是新时代营销的真相。

套用互联网的术语就是：通过包装形象和炒作，获得流量与转化；通过产品体验和服务，获得日活量。用一句话概括就是："品牌就是终极的包装，包装就是最直接的品牌。"这里面的包装不仅仅是平面设计，还包括了概念炒作、事件营销和公益慈善等。这也解释了为什么做媒体的人更容易"出线"。

二、线下抢流量的首要任务是打破地域界线

近几年线上流量太贵，生意难做，线下传统生意怎么做？第一个任务就是要打破对地域的依赖。

动物园批发市场，曾经赚钱跟抢钱一样，但是仅仅指望着地段捞钱，自然不能长久。生意的核心在于要把客户资源牢牢抓在自己手中，具体通过什么渠道卖货，跟着时代调整即可。

军规 25 "双边市场"做引流

"实体门店展示，线上解决交易，货从郊区仓库出"，将成为大城市所有实体批发的新业态。

有位朋友说得很犀利："网络时代，要学会利用互联网抹除时间和空间对生意的不确定的影响。慢慢地将生意主战场转到线上，不仅能规避突然'被搬迁'的风险，大幅降低经营成本，还能在全国范围内拓展新的客户资源。"

三、获取流量要出奇招、出猛招、"大火煮开水"

开服装城，对老板的招商能力要求极高。与东贸国际服装城相反的例子就是燕郊李福成的服装城：砸了 2000 万元之后，再也不投钱了，一些服装店老板欲哭无泪，纷纷逃走。而东贸国际服装城的福建老板，则一年砸了 8000 万元。

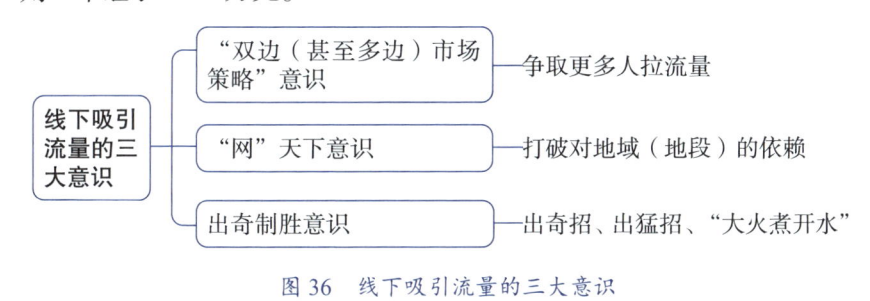

线下吸引流量的三大意识：
- "双边（甚至多边）市场策略"意识 —— 争取更多人拉流量
- "网"天下意识 —— 打破对地域（地段）的依赖
- 出奇制胜意识 —— 出奇招、出猛招、"大火煮开水"

图 36　线下吸引流量的三大意识

【陈轩点评】

所有生意的本质就是流量。传统企业如何才能获得日益挑剔、动不动就要造反的消费者的注意力和信任感？其实就是流量和黏性，这两项无疑是两道极难闯过的鬼门关。

有高手一语道破天机："**一位商人的商业能力的高低，取决于他能为自己的生意导入多少流量；而一位老板的赚钱能力，取决于**

他能多狠地黏住客户。"

具体到服装行业，咨询笔者的服装店老板很多，目前的状况是这样：

- 服装生意，或者开在批发市场，有充沛的流量和名气，赚钱；或者淘宝玩得早。
- 线下没法玩，房价暴涨导致房租暴涨，即便有 50% 利润的服装店也兜不住。
- 在快手平台卖衣服还行，但客单价太低，很多老的北京动物园批发市场的批发商跟不上，而且批发商一入驻快手，下游就没人拿货了，没人跟着你玩了。

阅读心得笔记

军规 25 "双边市场"做引流

军规 26

"急功近利"做流量

【案例拆解】

财务造假 21 亿元被打脸的瑞幸咖啡，在疫情中逆势增长 30%，凭什么

【背景介绍】

2020 年受新冠肺炎疫情的冲击，餐饮业一片哀嚎，连西贝莜面村都差点"断了粮"，而曾因财务造假 21 亿元被"捶得鼻青脸肿"的瑞幸咖啡，却逆势飞扬，大幅度增长：2020 年前三季度分别同比增长 18.1%、49.9% 和 35.8%。

瑞幸咖啡高管表示，瑞幸咖啡"已实现单店现金流为正、整体盈亏平衡，预计 2021 年将实现整体盈利"。钱包鼓了，资本战车也保住了，瑞幸咖啡发布公告称愿意支付 1.8 亿美元的罚款与美国证券交易委员会达成和解。曾经被"万人捶"的瑞幸咖啡已经重新上路了。

【案例解析】

一码归一码。虽然瑞幸咖啡造假该打，但其操盘手法和商业思考深度，确实值得创业者学习和深度探讨。

军规 26 "急功近利"做流量

瑞幸咖啡其实和泡泡玛特很像。为什么？

（1）都是实体店模式。只不过一个卖咖啡，一个卖盲盒。

（2）都疯狂烧钱冲市场。泡泡玛特在上市前，每年要烧掉2900万元，连续亏损7年。烧出来132家印钞机——购物中心直营店，这才昂然上市。而且其市值千亿港币，相当于两个任天堂。

（3）都饱受争议。面对线上传播和线下销售渠道的垄断，新品牌要是不做突破，怎么可能出头？所以对争议要宽容，当然，对造假要零容忍。

那么，瑞幸咖啡究竟是如何崛起和起死回生的呢？

一、"急功近利"的流量布局是瑞幸咖啡崛起之本

笔者问过创业者一个问题："创业公司，什么最贵？"

答案五花八门：品牌、产品、团队、渠道……

以上答案都不对。

其实，能搞来流量的人才最贵，自带流量的人才最贵，具备裂变营销思维、流量资源和实战经验的人才最贵。

瑞幸咖啡的CMO杨飞说过：

在移动时代，最稀缺的资源就是流量。 创业品牌，要学会"急功近利"的流量池打造方式。"急功"就是快速地建立品牌；"近利"就是快速转化成销量。"急功近利"的流量布局、营销转化是瑞幸咖啡的成功秘诀之一。

内行一出手，就知有没有。瑞幸咖啡一出手，很明显每一招都是奔着流量去的。猛砸精准定向品宣、猛砸LBS（Location Based Services，基于位置的服务）周边吸量、猛砸分众"种草"，首单免费抓客户、买二赠一、买五赠五做流水，品销合一，既准又狠！

二、流量打开之后迅猛开店

和纯粹烧钱"自嗨"的互联网品牌不太一样的是，瑞幸咖啡在流量局面打开之后就开始迅猛开店。300多家直营门店，从根本上解决了流量的归属问题。

快速将品牌转化为销量，直营门店功不可没。之前说过，任何商业的本质都是现金流游戏。现在线下渠道的死结是：好点位稀缺、流量稀薄、租金太贵、能导流的人员太贵。O2O完美地绕开了这些问题。有了线上流量，线下点位就不是大问题。租金和装修可以省下来，人力成本也可以降下来。

这300多家直营店，也从根本上解决了资金的安全问题。钱花在广告上、花在人员薪酬上、花在房租和水电上，什么都落不下。但如果是花在O2O体系的建设上，那是真的很值钱。生意不好，原班人马、原班店面可以随时换其他项目，随时加新SKU。

这300多家直营店，也提升了创业成功的概率。咖啡是随机消费，咖啡外卖这种项目，便利性是一切的根本。逆着做品牌、卡着白领做销量，加上产品物美价廉，可以说是锁定了胜局。**咖啡本身具有成瘾机制**，产品力足够强。这个项目主张"非专业顾客的随机消费场景"，所以用迅猛开店的方式，保证随叫随到的便捷性就成了核心。

三、融资能力决定O2O成败

一手引流线上获客、一手管理线下服务（App下单、门店服务），是非常典型的O2O打法。但后面这个O，从战略结构上来看明显更重要。

做营销出身的，谁不会抓流量呢？线上流量贵了抓线下，线下流量贵了做内容，这都是技术问题而已。但有几个营销人能融资到10亿元，能让消费者养成消费习惯呢？

比线下管理更难的是，让资本家相信你，愿意让你拿钱去开500家店！还是那句话：用钱赚钱是最简单、最轻松的！**O2O是资本密集型的玩法，融资到多少钱是成败的关键。**

四、快速建立壁垒

融资没有问题，接下来最重要的任务就是把虚的做成实的，把软的做成硬的，把曝光量做成实实在在的渠道网，最终建立起O2O商业模式真正的壁垒。

其中，**速度是关键，节奏是关键，流量和点位的平衡也是关键**。速度和节奏关系到投资者的耐心和热钱升值的迫切性，流量和点位的平衡关系到烧钱和获客的总效率。运营过租车业务的团队，在这方面非常有优势。

五、瑞幸咖啡实战打法小结

说了这么多，接下来提炼下瑞幸咖啡的实战打法经验。

（1）瑞幸咖啡的玩法是：

- 用男神女神吸引到第一批C端客户。
- 用门店解决留存率和复购率。
- 用线下点位和线上流量，建立正向循环机制。

（2）瑞幸咖啡最厉害的能力，就是基于流量思维的裂变能力。

（3）瑞幸咖啡最厉害的资源，是其创业团队的背后有陆正耀所提供的资金、经验和资源的扶持。

（4）瑞幸咖啡使用的最厉害的招数，就是疯狂开线下店。这是在正确的时间做正确的事。

（5）最考验瑞幸咖啡的是如何加速加速再加速，以及如何平衡好流量和点位。

（6）只要资本和品控上不出大问题，至于咖啡的口味和物流快慢等问题，会逐渐进行优化。

六、瑞幸咖啡的软肋

还记得吗？浑水公司做空瑞幸咖啡。89页的报告一出，瑞幸咖啡股价跌掉了1/4。问题来了：瑞幸咖啡为什么这么脆弱？原因只有四个字：商业模式！

瑞幸咖啡的玩法其实很简单，可以总结为五个动作：

- 高毛利、高成瘾性产品切入市场。
- 砸广告抓流量，开门店锁客户。
- 线上送打折券，线下做销售额。
- 美国上市融资，持续开店扩张。
- 增加高毛利、高成瘾性产品扩容。

以上五个动作不断循环，这就是瑞幸咖啡的商业模式。

从商业模式就能看出，瑞幸咖啡的死穴就是融资。和西贝莜面村不一样：西贝莜面村是传统餐饮的玩法，有着数十年的积累，本身不缺钱，而且只要开门就能盈利。即便需要融资也是在疫情等不可抗力的因素下出现的特殊情况。瑞幸咖啡呢？融资是整个商业模式的主线和驱动力。只有融资烧钱，才能不断砸广告、送折扣券和开店，才能做大营收，营收做大才能推高公司的估值，估值翻番才能吸引更多的钱进来。这是纯正的互联网闪电战的打法。

军规 26 "急功近利"做流量

如同乐视和 OfO 一样，瑞幸咖啡的打法环环相扣，资金链绷得相当紧。但市场信心一旦受打击，就会如同多米诺骨牌一样，兵败如山倒。所以对于浑水公司的做空，瑞幸咖啡才会拼死反击。

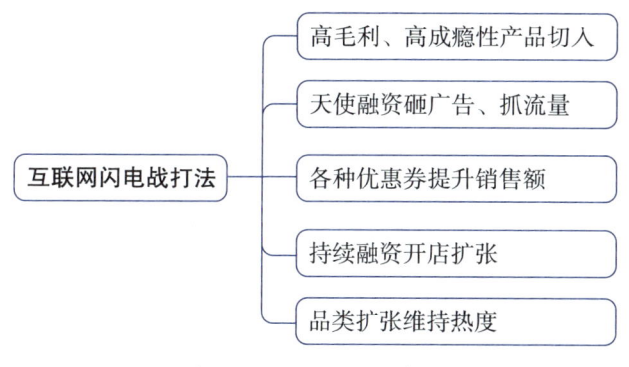

互联网闪电战打法
- 高毛利、高成瘾性产品切入
- 天使融资砸广告、抓流量
- 各种优惠券提升销售额
- 持续融资开店扩张
- 品类扩张维持热度

图 37　互联网闪电战打法

【陈轩点评】

瑞幸咖啡对于广大创业公司有什么启示呢？笔者总结了以下三点。

（1）融资能力是创业能力第一、管理能力第二、营销能力第三。当融到了足够多的资金，即使走错了路，也有足够的弹药和口粮支撑着再走回来。

（2）瑞幸咖啡一直宣扬自己的对手是星巴克，笔者认为瑞幸咖啡真正的对手是便利店。其定位、选址、定价等都与便利店高度重合，这就是商业套路，声东击西。秘密越多的公司才能越赚钱。能保守住秘密的公司才能持久地赚钱。

（3）一切新生事物都面临被攻击和被质疑，当然财务造假是不能容忍的。对于瑞幸咖啡这样的重生，或许可以多一些宽容。

阅读心得笔记

军规 **27**

病毒营销，流量汹涌

【案例拆解】

完美日记，如何在 8 个月内实现销量 50 倍增长

【背景介绍】

完美日记成立于 2016 年，主打唇膏、唇釉和眼影等红海产品。淘宝获客成本高，完美日记又是后来者，如何才能在红海中跳出来？如何寻找差异化的运营策略？如何找到出路，先快速把销量做起来吗？如何让"完美日记"像"病毒"一样疯狂流传，疯狂变现？完美日记面临的挑战，足以令任何营销人挠头。

最终，完美日记交出了"完美"的答案：8 个月的时间销量增长了 50 倍。2018 年，天猫成交金额达到 6.5 亿元，旗舰店月销 106 万件，金额达 5212 万元。流量大分散的时代，完美日记为创业者树立了标杆和典范。

【案例解析】

移动互联网用户日均在线时长为 350 分钟，这个数据已经停止增长，所以现在互联网公司争夺的都是存量用户和存量使用时长。当公域流量越来越贵时，如何实现"功夫在诗外"？如何从外部导流和进行流量的传导？完美日记为创业者提供了与众不同的思考和卓有成效的实战

军规 27　病毒营销，流量汹涌

探索。

完美日记的爆火，可以总结为以下四点。

- 以小红书、微博、微信等移动社交网络为"病毒"根据地。
- 以有影响力的账号为"病毒"源。
- 以打造爆款为"病毒"营销的使命。
- 以提升销量为唯一的效果测评标准。

完美日记"病毒"营销的四个步骤
- 确定"病毒"根据地
- 找有影响力的账号做"病毒"源
- 打爆款做"病毒"内容
- 以销量为唯一测评标准

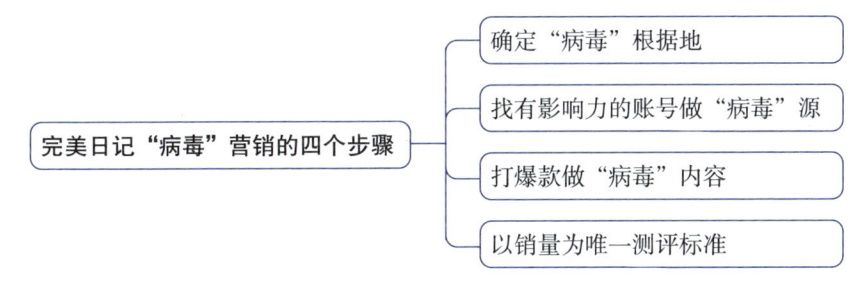

图 38　完美日记"病毒"营销的四个步骤

完美日记的成功转化有三个关键点。

一、选"小红书"为"病毒"根据地

完美日记兜兜转转摸索一年之后，决定选择"小红书"作为"病毒"根据地。2017 年 7 月，完美日记入驻天猫，但销售额一般。2018 年 2 月，完美日记将小红书作为营销主战场。小红书 95% 的用户是女性，从营销效果和效率上看，无疑是"攻心打爆品"之最优选。完美日记在小红书的官方号拥有 168 万粉丝，而完美日记的相关笔记数达到 12 万条。

二、整合有影响力的账号做"病毒"源

完美日记有 110 个产品，主推产品不到 15 个，打造爆款的策略非常明显。每一个爆款流行的背后，都有一个或几个非常关键的人物。如何引爆流行打造爆款，任务落在了有影响力的账号的肩上。

增长黑盒Growthbox整理发现，完美日记选择"病毒携带者"时颇有技巧，以腰部达人和初步达人为主，而头部达人只请其蜻蜓点水般出场。最后的效果是既省钱，又有声量，更有销量。明星、知名KOL、头部达人、腰部达人、初步达人、素人的投放比例分别为1∶1∶3∶46∶100∶150,有影响力的账号充当了"联络员"+"内行"+"超级销售员"三位一体的角色。

三、聚焦两节推新打造爆款

根据增长黑盒Growthbox的追溯：完美日记2019年3月13日推"十二色动物眼影"的节奏如下。

- 上线前期（3.5—3.15）多位拥有百万粉丝的账号发布产品分享帖。

- 中期（3.16—3.31）完美日记官方账号推出"探险家动物眼影"的话题分享和转发抽奖活动。多位拥有5万～50万粉丝的博主分享产品测评。

- 后期（4.1—4.15）大量拥有300～500粉丝的博主分享测评，塑造良好口碑。

每年3—4月、8—9月集中投放广告，扩大声量，为"618"和"双十一"活动暖场造势，并集中对1～2款产品趁热打铁推新打爆款，靠小红书、微博、抖音等平台打造1～2款爆品，从预热、促销、维护，总共用时一个半月。投放之后，产品销量均能大幅提升。

军规 27　病毒营销，流量汹涌

【陈轩点评】

随着互联网渗透各行各业，"**病毒**"**营销必然是未来 10 年主流的营销模式**。平滑无摩擦、边际效应为零、内容电商离钱最近，真正达到了信息流出来，现金流进来。了解一下完美日记旗舰店的销量就能知道，自然搜索带来的曝光达到付费曝光的 80～150 倍，品牌拉力明显。

- 自然搜索曝光指数：18400753。
- 淘宝直通车曝光指数：125418。
- 天猫直通车曝光指数：25268。

资本第一、流量第二、运营第三，是互联网时代的商业规则。

资源第一、渠道第二、定位第三，是旧经济时代的商业规则。

完美日记的发展势态，在短期内算成功，但从长期来看并不好说。为什么？因为完美日记没做定位。定位和流量的关系，有点像芝加哥经济学派和凯恩斯主义之间的冲突。芝加哥经济学派的口头禅是：长期来看，市场会发挥作用。而凯恩斯主义反驳说：长期来看，我们都会死的。死了之后发挥作用，又有什么用呢？

阅读心得笔记

军规 28

"森林火灾"效应

【案例拆解】

"凡客体"为什么能一夜爆红

【背景介绍】

VANCL（凡客诚品）由卓越网创始人陈年于 2007 年创办。最初从模仿昙花一现的 PPG 衬衫开始，陈年用了不到 3 年的时间，将凡客诚品服装直销网站的销售额从 0 做到了 20 亿元。

从模仿到超越，没有革命性的技术和商业模式，**陈年仅靠充分利用网络媒体，以一种文人的气质，打造了平民快时尚的全新概念，在电子商务界引爆了一股革命性力量**。讲流量引爆，陈年在互联网开创的"凡客体"，是绕不过去的经典。

【案例解析】

当年，"凡客体"是谁都不能忽略的一个关键词。最令企业人羡慕的是，"凡客体"是"无心插柳"引发的一场大范围的"病毒营销"。

一、明星引流

一切都要从邀请明星拍摄"粗糙"的平面广告开始。

2010 年 7 月，凡客诚品（VANCL）邀请了一名演员和一位作家作为其品牌形象代言人，一组别致的平面海报铺天盖地地出现在大众眼前。

军规28 "森林火灾"效应

"爱网络,爱自由,爱晚起,爱夜间大排档,爱赛车,也爱29块的T-shirt,我不是什么旗手,不是谁的代言,我是××,我只代表我自己。我和你一样,我是凡客。"

"我爱表演,不爱扮演;我爱奋斗,也爱享受生活;我爱漂亮衣服,更爱打折标签;不是米莱,不是钱小样,不是大明星,我是××,我没什么特别,我很特别;我和别人不一样,我和你一样,我是凡客。"

白底、无背景人物抠像图加上"爱××,不爱××,我是××,我不是××,我和你一样,我是凡客"格式的文案,随后成为全民娱乐盛事。

"凡客体"文案最早出自前奥美创意总监邱欣宇之手。邱欣宇和陈年一致认为,邀请的这两位代言人都属于"80后"靠自我奋斗、努力获得成功的代表,他们的个性既符合现代年轻人的成长心态,也能和VANCL品牌进行很好的融合。但他们坦言:"的确不知道这条广告会火。"

二、"山寨"引燃

2010年7月30日,"PS凡客,收集你的凡客"活动在豆瓣网发起。从最初因英语发音而广受关注的"闹太套"版,到穿着"鸡烦洗"衬衫"爱谁谁"版的三五张图片,再到网友纯娱乐原创上传的几十张图片,经过一日一夜后变成700多张图片。短短一周后,数量轻易飙升到2000多张。

一时间,网民都热血沸腾了:豆瓣上PS活动群每天参与量成百成千地上升,微博上各种散图、原创或转载图不断更新,开心网、QQ群及各大论坛疯狂转载……**这一场"全民调戏凡客"的活动在短时间内大获成功**,不仅掀起了网络PS新热潮,更成就了互联网品牌营销佳话。

很多人认为"山寨版"恶搞是凡客诚品在幕后推动的,但陈年明确表示:真的不是凡客诚品做的,谁在幕后推动,他们真的不知道。这就是企业做流量推广最理想的状态：网友因为觉得好玩，而自行促进事件升温。

三、企业引爆

在"山寨版"恶搞跟风之际，凡客诚品趁此机会，拍摄了由某作家主演的视频广告，与新浪微博合作推出专题页面，联合向用户赠送奖品，通过官方微博"VANCL 粉丝团"发起转发赠送作家亲笔签名等一系列互动活动引爆网络。

偶然走红的事件，要想彻底引爆，非企业助燃不可。网友的"自来水"热情很短暂，需要企业趁势"火上浇油"，才会成为"熊熊大火"。在凡客诚品的二次点燃下，"凡客体"彻底走红网络，各种恶搞版本层出不穷。吃瓜网友感叹："在'凡客体'的世界中，只有想不到，没有看不到。"参与的网友更是感叹："做'凡客体'上瘾了怎么办？"

经过一轮大范围的传播和激烈的影响，百度百科将"凡客体"作为专有词汇收录，被定义为"凡客广告文案宣传的文体"。这场"全民化的广告创意狂欢"从此被记载在"互联网史册"上。

"森林火灾"式营销三步走：

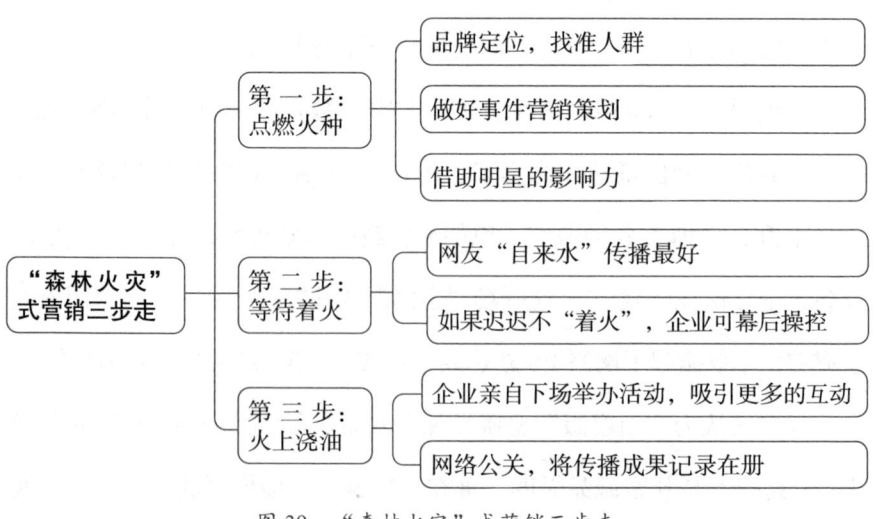

- 第一步：点燃火种
  - 品牌定位，找准人群
  - 做好事件营销策划
  - 借助明星的影响力
- 第二步：等待着火
  - 网友"自来水"传播最好
  - 如果迟迟不"着火"，企业可幕后操控
- 第三步：火上浇油
  - 企业亲自下场举办活动，吸引更多的互动
  - 网络公关，将传播成果记录在册

图 39 "森林火灾"式营销三步走

军规 28 "森林火灾"效应

【陈轩点评】

凯文·凯利有一个著名的森林火灾营销（forestfire marketing）理论。面对失控的传播效果、无常的消费偏好、复杂的售卖渠道和模糊的行业边界,当下企业做营销只能以失控对付失控、以不变应万变,**坚持只做一件事:不断点燃火柴扔出去,坚信森林肯定会"着火"。但什么时候"着火"？火能烧多大？能烧多久？不可预测,企业要学会容忍并接纳"失控"。**

"病毒"营销就是一个对失控状态的描述,失控的品牌和产品信息像病毒一样,在社会化网络上被爆发式分享、无休止传染和持续地撼动人心。这是企业梦寐以求的失控。

在互联网时代,网民是最具创造力、最聪明且最活跃的群体。 把网民自身的主动性、积极性调动起来,比企业投入大量人力、物力有效得多。凡客诚品成功做到了这一点。凡客诚品将主要消费者定位为"80后""90后"人群,被冠以"正在崛起的中产阶级"称号。

网民喜好创新搞怪、热爱追剧追星,沉迷微博和豆瓣、热衷贴吧,以调侃娱乐明星、人物角色、影视作品为主,诙谐、逗趣的"凡客体"正中这群娱乐达人们的下怀,所以大家才热血沸腾、踊跃"创作"分享。

另外,**营销平台在其中发挥的作用不可估量。"凡客体"的火热,离不开当时大火的平台——微博和豆瓣**。先从豆瓣平台发起的"全民调戏凡客"活动开始,引发网民创作热潮,一周时间2000多条"凡客体"内容被曝光;随后凡客诚品开始与新浪微博合作推出专题页面,以转发赠送围脖、赠送签名等互动活动引爆网络,让"凡客体"成为一种时尚。

阅读心得笔记

军规 **29**

做 IP，就是追热点

【案例拆解】

蓝翔技校是如何炒起来的

【背景介绍】

"挖掘机技术哪家强,中国山东找蓝翔!"这句由国内著名演员说出的蓝翔技工学校广告语,因为长期在电视上轮番播放,让人耳熟能详。好事的网友们在社交媒体上频繁创作,段子手们一波接一波烧脑的举动,让蓝翔技校意外成了网红。"蓝翔体"能成为网络文化,是热心网民的功劳,也与蓝翔技校的推波助澜不无关系。

【案例解析】

1990年,蓝翔技校在电视上投放了第一条广告:"挖掘机技术哪家强,中国山东找蓝翔!"校长荣兰祥怎么也想不到,这则广告日后会成为广大网友调侃的段子。2014年,网上以"蓝翔""挖掘机"为核心词汇的调侃版本,数不胜数。

网友"井喷式"的创作,让"蓝翔体"一度超过了当年的"凡客体"。跟蓝翔、挖掘机扯上边的段子、网络名言、歌词等,在媒体、网络及交友圈"病毒式"疯狂传播,让蓝翔在相当长的一段时间里省去了巨额广告费。要知道,蓝翔此前每年都要花费2000万~3000万元用于投放电视广告。

网民的狂欢将蓝翔品牌的知名度带向了一个前所未有的高度。蓝翔的招生难问题一时间得到了解决，在挖掘机之外，蓝翔开设了电脑、工程机械、美容美发、烹饪、数控等多个学院。在技校就业情况普遍不好的大环境下，蓝翔挖掘机专业成了就业热门专业。无数小企业在网络营销时，纷纷把蓝翔作为关键词来推广自己的品牌。

不过，大家不要以为这是代言人的功劳。事实上，"蓝翔体"能够成为"病毒式"传播，与校长荣兰祥有很大关系。

让蓝翔在网上"神一般走红"的事件，是2010年《纽约时报》的一则报道。报道称，有美国公司遭到黑客攻击，而黑客与蓝翔技校有关，并声称蓝翔技校是有关方面培养黑客的地方，蓝翔背后有军方支持。一时间，国内多家媒体派记者卧底调查蓝翔，试图一探究竟，最终都兵败而归。

在突如其来的事件面前，校长荣兰祥的态度很有意思：他对媒体矢口否认传闻的同时，却把黑客培养基地的传闻报道挂上了官网。其对待传闻的暧昧态度，加之有网友发现在蓝翔主教学楼的空地上，竟然还排列着一排高射炮，让人越发浮想联翩。

2014年，网上流传着一段蓝翔校长的讲话："同学们，咱们蓝翔技校就是实打实地学本领，咱们不玩虚的，你学挖掘机就把地挖好，你学厨师就把菜做好，你学裁缝就把衣服做好。在咱们蓝翔如果不踏踏实实学本事,那跟清华北大还有什么区别呢？"这段引起精英阶层不适的"讽刺＋自嘲"式的发言，一下子把蓝翔带火了。

蓝翔校长荣兰祥事后否认提到清华北大，可这并不妨碍"蓝翔体"

的流行。等到大家对这一事件淡忘的时候，校长荣兰祥又出手了。"冰桶挑战"在国内火热时，荣兰祥指导蓝翔技校拍了一段挑逗视频。视频中，蓝翔的学生用挖掘机完成冰桶挑战，而清华北大再次被点名。

"善用黑客攻击""喊话清华北大""挖掘机完成冰桶挑战"，荣兰祥通过这三大操作，把自己的蓝翔捧成了网红。

回过头来，笔者分析一下"蓝翔体"走火网络的三大关键因素。

1. "火种"：洗脑式广告

在没有网络的年代，蓝翔和新东方烹饪学校、各种专科医院的"洗脑式"广告，陪伴着多少人的成长。**尤其是 30 多年不变的蓝翔广告，让人想忘记都难**。时过境迁，原来蹲在电视机前被迫看广告的孩子，逐渐成了"网瘾少年"，埋藏在记忆深处的蓝翔广告成了他们的创作素材。

2. 走红 DNA：草根文化

"蓝翔体"能够走红的关键是网友愿意分享。年轻人寻求认同：玩同一个游戏、用同一个 App、看同一部美剧、购买同一款好物、玩同一个"梗"等。尤其像"蓝翔体"这样的内容，零成本又能显示自己的幽默，最容易制造共同话题，引起共鸣。而他们热衷玩"蓝翔体"，根源在于民粹与"草根文化"在网络当道，蓝翔具备天然的"草根"气质，很契合恶搞的需要。

3. "助燃剂"：借势热点

擅长自黑、炒作借势，蓝翔利用一切机会让自己出现在公众的视线里。例如，某明星遭到"炮轰"时，网易出现了一篇"神帖"："改变传统斗殴方式迫在眉睫，据内幕人士分析，×××很可能使用一些民用工具，其中就包括威力巨大的挖掘机，所以×××就要问了：挖掘机技术到底哪家强？"可以说，为了维持热度，蓝翔不肯放过任何相关与不相关的热点，以此来"博眼球"。

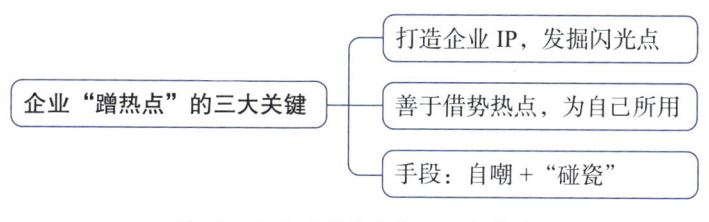

企业"蹭热点"的三大关键
- 打造企业IP，发掘闪光点
- 善于借势热点，为自己所用
- 手段：自嘲+"碰瓷"

图40　企业"蹭热点"的三大关键

【陈轩点评】

正如美国著名民俗学家布鲁范德在《消失的搭车客》中所言，人们花时间讲述和传播传说，不仅是因为有趣的情节，更深的原因是它真实地传递出创造者和传播者所处的语境，以及由此产生的社会心理。**如果有什么能一夜成名，它一定暗合了社会的某种共性心态。**

蓝翔的"病毒"支柱是猎奇，寻找有趣与刺激，独乐乐不如众乐乐，大家都在调侃、转发、寻找乐趣，我也调侃、转发、寻找乐趣。蓝翔自黑、调侃、逗乐、煽情的特性，非常契合"草根"当道的网络文化。

山东蓝翔技工学校的主要招生对象为初高中毕业生，这群人毕业后没考上高中或大学，迫切需要掌握一门技术作为未来的谋生手段。而且重要的一点是，这些人是网络媒体的主要玩家，他们每天的社交、上网时间远远大于其他群体，所以"蓝翔体"非常富有感染力。也有很多人确实因为挖掘机的炒作而去了蓝翔技校。

阅读心得笔记

军规 30

利用反差,激发互动

【案例拆解】

老干妈配雪糕，根本停不下来

【背景介绍】

1984年，陶华碧女士凭借自己独特的炒制工艺，推出了别具风味的老干妈佐餐调料。经过30多年的发展，老干妈作为"国民辣椒酱"，早已成为海内外华人青睐的辣椒调味品。**从创办伊始，老干妈创始人陶华碧一直坚持"六不"原则：不做推销、不打广告、不做促销、不上市、不贷款、不融资。**

陶华碧对自家产品的味道颇为自信，她认为，自己的产品不需要做广告，味道才是王道。凭借这份自信，**自称只认识4个字的陶华碧，把8元一瓶的辣椒酱，卖到了全世界上百个国家，每天卖出130万瓶。**

然而，"三十年河东，三十年河西"，再自信的老干妈，在变化的时代面前，也不得不改变自己的原则。为了避免成为"时代的眼泪"，为了迎合新时代的年轻消费者群体，老干妈在成立30年后尝试了新玩法，一下子从老品牌晋身为年轻人口口相传的网红品牌。

军规 30　利用反差，激发互动

【案例解析】

以往提起老干妈，总会想起老土、传统等词语，自 2014 年起，老干妈和陶华碧成了"新晋女神"。这一切都归功于一种"丧心病狂的吃法"。

某一天，在老干妈例行的公关新闻稿下面，出现了一则神奇的留言帖："老干妈配雪糕，好吃到根本停不下来！"这位网友配着"雪糕蘸老干妈"的图片，信誓旦旦地说："不好吃不要钱，吃了这次还想下次！"在好奇心的驱使下，这款奇葩重口味的菜式迅速在网络上爆红，被称为全球五大重口味美食之首、<u>2014 年最丧心病狂的吃法</u>。

如何解决新媒体时代品牌形象和消费群体日益老化的问题，一直困扰着老干妈。当老干妈嗅到了"要火"的气息之后，果断出击，快速结合"夏季吃雪糕"这一热点，做了一轮网络营销：微博第一波发力，号召网友通过"大图＋解说"的方式发微博"发现老干妈配雪糕新吃法"，展现雪糕配老干妈口味是多么奇特、多么好吃、多么别具一格；随后，在论坛首页发帖，并通过各大论坛美食频道、都市类媒体等不断发酵扩散。

面对这款融合了甜、咸、香、辣的奇特"美食"，有网友发出了试吃"报告"："辣椒油遇到冰很快就凝固，雪糕够冰，所以一点都不辣，不难吃，奶油味配一点咸香味的辣椒毫无违和感。"

当然，更多的"报告"都是"逆天吃法""实在太凶残""冰火两重天""吃完整个人都不好了"。海量点赞与吐槽式评论，让话题快速冲上微博热门，也让众多"80 后""90 后"的年轻人重新认识了老干妈。这个数十年不变的老土面孔，终于和时尚、年轻搭上了边。

需要提醒的是，在这场热闹的"测评"活动中，KOL 贡献巨大。

老干妈积极发起"老干妈配雪糕"话题，然后找到有消费影响力的娱乐及美食 KOL 配合炒作。这些活跃在微博、贴吧上的 KOL，对广大网友有着不可忽视的影响和带动作用。"近期，网友吃雪糕蘸老干妈风靡网络，亲们，你有没有试一试呀！"在他们的号召下，网友们才开始纷纷尝试。KOL 对网友晒出的内容进行点评，进行二次传播。如此几轮炒作，才让老干妈品牌在网络世界掀起了热浪。

"老干妈配雪糕"证明了老干妈的"百搭"功能。随后，老干妈秉持它们一贯的"坚持精神"，把"老干妈配××"做到了极致。老干妈配西瓜、老干妈配酸奶、老干妈配爆米花、老干妈配五仁月饼……时至今日，各种神奇的"百搭"吃法络绎不绝。凭借"一招鲜吃遍天"，老干妈的热度一直保持着。

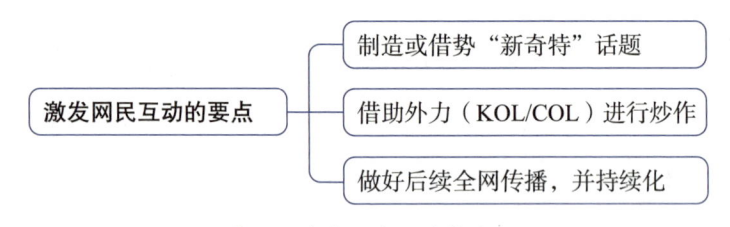

激发网民互动的要点：
- 制造或借势"新奇特"话题
- 借助外力（KOL/COL）进行炒作
- 做好后续全网传播，并持续化

图 41　激发网民互动的要点

【陈轩点评】

品牌推广的目的，其实就是占据消费者的内心，与消费者建立某种关联，从而谋求市场和消费。 消费者一旦认可并接受了品牌思维，必将影响其消费喜好和决策。基于这种思维，老干妈推出了"老干妈配雪糕"的营销策略，实现了品牌年轻化的改造。

"老干妈配雪糕"能够斩获巨大流量的"病毒"支柱是"猎奇+搞笑"。 雪糕和老干妈这两种物品属性和口味上的巨大反差，极容易激起消费者的猎奇心理和尝试欲望。加上老干妈微博在活动开始后推出的一大波"表情包"——网友吃雪糕蘸老干妈的表情大图（有笑的、有哭的，还有超囧的诡异画面），吸引消费者快速主动地加入其中玩起来。

在这条奇葩混搭的道路上，脑洞大开的网友们异常热情，在很长一段时间里，发明了各种各样的"黑暗料理"：老干妈拌西瓜、荔枝蘸酱油、榴莲拌饭……火了老干妈，也火了各种"黑暗料理"。

"老干妈配雪糕"成功的关键就是"制造反差"。将平时觉得八竿子打不着的两个物品组合到一起，满足网友"猎奇+搞笑"的娱乐需求，就能够成功吸引到流量。

阅读心得笔记

PART6

销/量/破/局

军规 **31**

"先破后立",激活销量

【案例拆解】

300亿市值跌到40亿，极草的破局怎么做

【背景介绍】

极草是青海春天旗下的子公司，是青海春天药用资源科技利用有限公司的商业品牌。产品名称为冬虫夏草纯粉片，2009年上市。极草最初是普通食品，后以保健品的身份畅销。2014年10月，因为其过于畅销，趁势借壳上市，却被"打假名人"王海盯上。王海先后发布了7篇"极草骗局"的相关文章，11月，极草被青海省高级人民法院终审判决侵害青海春天名誉权。尽管极草最终因为不可控因素泯然众人，但它的增长奇迹却不可否认。

【案例解析】

2011年极草净利润1159万元，2014年3.66亿元，增幅3056%。2015年上半年，受某种因素影响，极草的收入掉了一半——5.42亿元；净利润掉了7成——6018万元。在这种不利的情况下，极草是如何突围的？

一、广告营销拉动销量策略

极草在上市之初,就已经确立了"广告营销拉动销量"的策略。

极草既没有像同仁堂那样的百年老店做背书,产品本身又无法通过肉眼感知,想要迅速出头,创始人张雪峰唯一的方法是——广告轰炸。

"冬虫夏草,现在开始含着吃"的顶尖概念、奢侈高端礼品化的产品形象、公关渗透全面铺开的切入方式,迅速激活了目标客户群体的需求,实现了高价位、高销量、高附加值,3年净利润增长了30倍。

2016年3月30日,极草被国家食品药品监督管理总局(以下简称"国药总局")叫停。该业务占到青海春天总业务的79%,其面临主业崩盘。当年的净利润为2亿元,同比降低31.49%;营业收入7亿元,2015年是14亿元,降低了一半。极草没法生产了,在创始人张雪峰的带领下,该团队开始积极研发新产品,如虫草参芪膏等。

除虫草饮片之外的系列产品,当年卖了2亿元。同时极草开始接营销策划和广告推广等第三方工作来补充现金流。例如,其子公司西藏老马广告,通过营销策划,当年营收2.6亿元。2016年营收7亿元,营业成本3.7亿元,销售费用0.36亿元,管理费用0.79亿元。整体运营效率不低。

二、获得当地政府的大力支持

张雪峰的操盘经历中,青海省食品药品监督管理局(以下简称"青海省食药监局")的支持是相当重要的。

2010年,青海省食药监局帮助极草从食品变成中药饮片。

2012年,国药总局叫停虫草的中药饮片身份,青海省食药监局直到2014年7月才开始执行。由于没有保健品批号,极草一直使用青海省食药监局颁发的"直接食用饮片"的许可证进行生产。

2014年，青海省食药监局又帮助极草转变身份，成为"滋补类特殊产品"。

在一路绿灯的支持下，极草借壳 ST 贤成，成为 A 股虫草第一股。为什么青海省食药监局这么支持极草呢？因为，青海省需要极草！

三、打出六套组合拳

2017年，极草营业收入4.7亿元，比2016年又下降了一半；净利润3.1亿元，比2016年增加了27%。

这一年，张雪峰团队釜底抽薪，打出了六套组合拳。

（1）做虫草出口，2017年营收1.9亿元。

（2）做私募投资，2017年营收1.1亿元。

（3）2017年，该团队开始加速海外授权和技术转让。

（4）开始下大力气推新的爆品：虫草参芪膏。2017年卖了255万元。

（5）做营销策划和广告推广，2017年这个板块的营收是2.2亿元。

（6）真正的大动作其实是收购"听花酒业"，正式进军酒行业。该酒使用情景精准：针对吃辣而定制研发的新型酒，被称为"凉露酒"。

2018年上半年，极草营收1.89亿元，同比下降13%；净利润8264万元，同比下降2.3%；广告收入1.18亿元，同比下降13%；"听花酒业"营收1528万元。

【陈轩点评】

极草在公关、策划、定位、产品等方面的探索，可以总结如下：

军规 31 "先破后立"，激活销量

（1）极草的成功，是产品策划、品牌定位、公关宣导、广告轰炸综合作用的结果。2009年立项，2014年爆发，整个团队摸索了5年以上。5年破局，8年赚钱，实业大抵如此。

（2）极草的困境源于冬虫夏草本身的问题。无法证明其有效性，是崩盘的导火索。根本上在于营销人员大多数不懂技术，或缺乏顶尖的技术人才。

（3）极草团队在消费者心智的把握上水准一流，但在公关上明显火候欠佳。

（4）极草切入市场的手法极其专业。揭露行业乱象，先破后立。包装企业家的科学家形象，科技商业化很自然地转移到了推广品牌上。

阅读心得笔记

军规 32

做小池塘里的大鱼

【案例拆解】

男性化妆品"理然"的破局增长之法

【背景介绍】

公司注册即获得天使融资,莫吉托沐浴露上线一周拿下天猫该品类TOP1,首次登上"交个朋友"直播间销量冲到TOP2,天猫旗舰店开通一年销售额近1亿元,公司成立一年多拿下了5轮融资。在大公司裁员、小公司收缩甚至破产的情况下,定位于男士综合个护品牌的"理然"(MAKE ESSENSE)犹如横空出世的"异类"。

"理然"于2019年5月在深圳创立,2019年12月上线天猫。短短一年的时间,部分单品的销量已经超过宝洁、联合利华等传统大品牌,其"护肤、理容、洗护、香氛、彩妆"五大系列产品在男性消费者人群中迅速打开市场。"理然"在短时间内找到用户、做品牌渗透、影响用户作出决策,最终实现增长的内在逻辑,为更多新锐品牌的创业者提供了破局之法。

【案例解析】

"理然"创立之初就获得投资机构——壹叁资本的天使轮投资,并在品牌上线前获得硅谷的风险投资基金——红点创投的Pre-A轮投资,实现了资本认可梦想。可想要资本拿出真金白银还是要靠销售额说话,"理然"的销售额在同行业中处于什么水平呢?

电商是男性新兴护理品牌的主要销售渠道,在这些渠道中,能公开计算销售额的只有天猫平台,所以这里统一以天猫的销售额作为统计样本。

表3　天猫平台男性护理品牌销售额

品牌名称	成立时间	品牌性质	SKU数量	累计销售额（万元）
马丁	2019.4	孵化	59	38772
尊蓝	2010.5	独立创办	90	31314
极男	2016.8	独立创办	65	30204
理然	2019.4	独立创办	37	9944
Dreamtimes	2014.4	独立创办	51	7394
亲爱男友	2019.10	独立创办	44	4145
珂岸	2019	孵化	21	402
蓝系	2019.7	独立创办	38	339

据统计,在所选的八家男性护理品牌中,"理然"凭借9944万元的销售额位居第四位,与同年成立的品牌相比,"理然"虽不如上海怡宝孵化的"马丁",但在销售额上已是同年成立的"亲爱男友"的2倍多、"珂岸"的约25倍、"蓝系"的约30倍。

若算上京东等渠道,作为新兴男性护理品牌,上线一年全平台年销售额大概过亿元,"理然"俨然成为新兴男性护理品牌的领头羊,甩开了众多新锐品牌。

新兴消费群体的崛起催生了新的审美和需求,趋于精致化是"95

后""00后"男性的特征，随着他们的成年和经济独立，男性化妆品市场开始呈现两个明显的变化。

一是市场开始高速增长，线上渠道处于爆发前夕，2019年仅男性护理产品的线上交易金额就达到40.02亿元，相较2018年增长了24.5%。

二是消费者更迭，大学生和新入职男性成为线上男士护肤品的主要消费者，直接照搬女性护肤理念和消费场景的产品日益受到男性的排斥，产品供给侧明显与需求侧隔离。

新兴群体追求个性化，国内男性护理品牌无法满足其需求，国外Ro、Hims、Harry's等新兴男性护理品牌没有进入国内市场，使国内男性护理市场呈现内旧外疏，处于供给始终滞后于需求的尴尬局面。同时，新兴消费群体的不断涌入，不同审美观念的转化，更是让男性护理这个尚未出现品牌集中度的市场开始急速分化。

供给端不愿甚至不能满足需求端，需求端多样化的需求一直被压制、被忽略，为男士护理细分品类品牌的创办创造了赖以生存的土壤。

创业的第一难题就是找准市场需求，找到进入某一赛道的时机，"理然""蓝系""亲爱男友""马丁""珂岸"等国产男性护理品牌，都是借此破土而出的。

那么，仅创办一年多的"理然"是如何从一众新品牌中脱颖而出的呢？

1. 研发：找到天使，含金钥匙出生

据企查查的数据显示，"理然"成立于2019年4月28日，注册地是深圳。成立当天便获得壹叁资本的天使轮融资，融资日期和成立日期在同一天，显然是含着金钥匙出生的。

对于创业者而言，在创业项目尚处于意向阶段时，就能获得资本这一"接生婆"，就等于解决了创业需要解决的第二个问题——研发。打算用多少资金、多长时间研发出符合自己初心的产品。

例如，在沐浴露产品的研发上，沐浴露香氛由国际调香大师NIKOLAJ主理，顶级香料公司德之馨（Symrise）研发，有别于木质、海洋、古龙等传统男士香薰，还原经典柠檬茶香型。此外，"理然"的沐浴露中还含有从天然薄荷、柠檬、茶叶中萃取出来的有益元素，不仅做到保湿滋养，更让用户在体验上沁凉舒爽。

2. 产品：洞察新需求，针对性设计

服务滞后于用户增长、产品难以满足不同年龄层的需求、消费场景过于单一，一直是男性护理市场存在的问题。在产品设计上，对市场已有所洞察的"理然"，针对以上问题梳理出了自己的产品逻辑，即从概念、需求、场景三维度进行突破。

例如，对于洗发水、沐浴露这些高渗透率的基础型产品，提出新理念，满足新兴消费群体不同的精致需求；对于像护理霜等照搬女性护理方式的产品，进行专门研发，从男性用户护理习惯的角度出发，打造男性专属产品；对于像发型喷雾这些耗时长、流程多的产品进行升级，简化使用流程，打破使用环境的限制。

除此之外，"理然"在产品设计上主张走极简风，以理性十足的线框为主，让用户感觉到棱角，希望从视觉呈现上给用户留下好的印象；在产品定价上，为了降低用户选择和消费门槛，单价尽量控制在100元以内，用性价比迎合尽可能多的潜在消费者。

表 4 "理然"系列产品的价格、总销量及评价量

产品名称	售价/元	总销量	评价量
理然衣物除味香氛喷雾除菌淡蔚蓝淡香水留香空气清新剂烟味去异味	129.9	248460	37098
理然定型喷雾发胶男士发蜡发泥干胶清香型头发去油蓬松神器喷雾	54.9	148285	21117
理然氨基酸洗面奶男士专用护肤品套装保湿补水洁面乳控油男生	99.9	137797	31454
理然素颜霜男士专用霜隔离痘印遮瑕BB霜懒人自然色粉底液化妆品男	74.9	128766	20591
理然柠檬茶莫吉托香氛沐浴露香水男士持久留香沐浴液香体后背除螨	79.9	127012	24187
【老罗推荐】理然莫吉托香氛沐浴露男士香水沐浴乳液专用香体	129.9	61943	15154
理然哑光控油保湿凝露补水锁水男女秋冬护肤乳保湿去油专用面霜	74.9	32119	7309
理然双色洗面奶男士专用控油护肤保湿补水洁面乳男生	74.9	18230	3481
【油头救星】理然蓬松控油洗发水男士专用氨基酸去屑止痒膏洗头露	84.9	15763	3507
【得体礼盒】理然洁面乳沐浴露洗发水套装控油蓬松柔顺留香水	169.9	11581	2939
理然男士护肤五件套	299	10815	5681

监测数据显示，在"理然"天猫旗舰店已经有 11 款销售量过万的产品，其中 7 款产品低于 100 元，销量最高的产品的总销量为 24.8 万单。

3. 营销：借力大品牌，做知名度加持

化妆品市场是一个非常讲究出身和名气的市场，对于新进入者来说，如何让用户知道自己的品牌，并对自己的品牌留下好的印象是新品牌能否成功的关键一步。

"理然"是如何完成从 0 到 1 这关键一步的？

（1）<u>直播带货</u>。2020 年 5 月 15 日，"理然"出现在刚直播不久的

某直播间；7月26日，邀请艺人以"理然"联名款用户的身份为理然发起直播；9月24日，某脱口秀艺人在抖音解锁"肌肤特饮"沐浴露新玩法。

（2）**跨界营销**。2020年5月，"理然"与维他柠檬茶推出联名产品"柠檬茶沐浴露"；10月21日，"理然"与冈本推出联名礼盒"肌肤兵法"男士护肤套装，以"先修肌肤之道，再尝肌肤之亲"为创意，为"双十一"创造话题；10月23日，"理然"与OATLY推出咖啡沐浴露，以"可以洗的咖啡，可以喝的燕麦"为创意，用年轻群体中流行的"组CP"的方式创造热门话题。

（3）**媒体垂直传播**。与国内首档男性气质主题博客《Man立》合作，以男性视角探讨男士气质，进行市场培育，唤醒男性护肤意识，释放男性群体消费意愿。

（4）与KOL合作。此外，主动寻找男性消费者聚集地的"理然"，还与男性年轻演员、男性旅行博主、摄影师、漫画家等一众KOL合作进行品牌宣传，从不同的角度向男性用户宣传"理然"品牌，进行用户沉淀。

化妆品是一个鄙视链明显的行业，新锐品牌要想顺利走过从0到1的阶段，就需要筛选有共同人群的跨界大牌进行合作，做知名度加持，经历一次次加持后，品牌的认知度与信任背书才能建设好。同时，好的营销策划也可以帮助大品牌建立年轻化的形象，改善其原有的用户认知，拓展其商业变现的更多可能，可谓双赢。

4. 品牌：倡导多元，包容不同的年龄层

照搬女性护理产品的逻辑是传统男性护理品牌存在的一大问题，因此，在新品牌的定位上，部分想要成名的新锐品牌，不是夸大产品和男士气质就是过于突出个性和特色的垂直，使品牌最终走向不同的极端。

因此，在品牌形象定位上，更懂用户年龄阶段不同，气质会不同的"理然"，倡导用多元化和包容的角度塑造男性形象，使自己尽可能获得不同年龄阶段消费者的认可。

目前，"理然"的产品主要有"护肤、理容、洗护、彩妆"四大系列，产品包含 BB 霜、精华水、洁面乳、面霜、防晒霜、面膜、沐浴露、洗发水等，SKU 约 50 个，基本覆盖了男士从护肤到洗浴再到化妆的完整使用场景。

5.资本：轻车熟路，不忘生存技能

对于做全品类综合个护的"理然"而言，获得不同年龄阶段的认可，就等于获得了尽可能多的用户群体，有用户才可能有销售额。足够大的用户群体，全品类的综合解决方案，让"理然"拥有更大的想象空间。

资本总是在追求利益，"理然"足够大的想象空间和不错的市场表现让资本看到了其潜能。从 2020 年 1 月到 2021 年 1 月，"理然"先后获得 4 轮融资，在新冠肺炎疫情的影响下，刚上线一年的男性护理品牌能获得资本市场如此追捧，不仅是对其品牌能力的一种认可，更衬托出其创始团队高超的资本运作能力。

表 5　2019—2021 年"理然"获得的五轮融资情况

投资时间	轮次	金额	投资机构
2019/4/28	天使轮	未披露	壹叁资本
2020/1/18	Pre-A 轮	未披露	红点中国
2020/9/9	A 轮	未披露	SIG 海纳亚洲、红点中国
2021/9/21	A+ 轮	未披露	虎扑
2021/1/21	B 轮	1.5 亿元	M31 资本（领投）、五源资本 - 晨兴资本（领投）、SIG 海纳亚洲、虎扑体育

6. 团队：既懂品牌又懂资本市场

创始人黄伟强为冈本中国区电商原 CEO 及品牌负责人，曾经担任过日本百年口腔品牌惠百施中国区电商 CEO 及品牌负责人，2015 年又作为联合创始人兼 CMO 创办好色派沙拉，负责过多个不同阶段的品牌营销及综合业务工作。联合创始人周齐是国内头部跨境电商公司傲基事业部合伙人，曾在京东、利洁时负责品类运营、产品及供应链等方面的工作。

男性护理是一个对创业团队能力要求相对较高的项目，两个人懂电商、懂品牌、懂供应链、有资源，还有大平台不同的管理和运营经验，能力已高度互补。

"理然"崛起的六大关键因素

1. 研发：找到天使，含金钥匙出生
2. 产品：洞察新需求，针对性设计
3. 营销：借力大品牌，做知名度加持
4. 品牌：倡导多元，包容不同的年龄层
5. 资本：轻车熟路，不忘生存技能
6. 团队：既懂品牌又懂资本市场

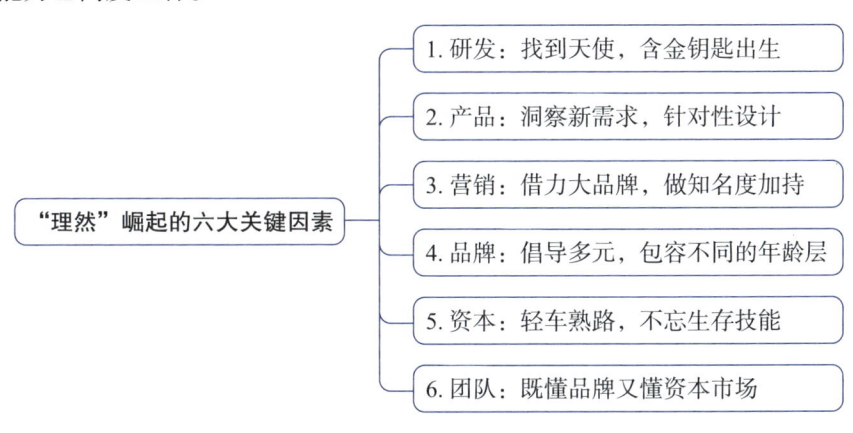

图 42　"理然"崛起的六大关键因素

【陈轩点评】

通过本案例的分析，笔者给创业者总结出三大启示。

（1）**创业者一定要学会聚焦、聚焦、再聚焦！**要做小池塘里的大鱼，不做大池塘里的小鱼。

（2）做足差异化。在细分市场时，只有将产品和品牌的差异化做到极致，才能保持足够强大的竞争力。

（3）用流量引爆资本，用资本建筑品牌护城河。将声量从线上引爆到线下，将低成本"种草"动作进行到底。

阅读心得笔记

军规 **33**

集中战略与差异化战略

【案例拆解】

只靠一招，余联兵让优速快递活了下来

【背景介绍】

　　余联兵是四川达州人，17岁来到深圳，送过货、搬过砖、卖过火车票和飞机票，26岁当上了总经理。2009年，36岁时，余联兵在快递行业第三次创业，优速快递诞生了。

　　2015年，快递行业的拐点出现：顺丰、中通、申通、圆通、韵达等一线玩家杀红了眼，不但悉数敲定了上市圈钱的路径和时间表，而且已经稳稳地割走了全国市场50.4%的份额。留给优速快递创始人余联兵思考的时间，只能按秒计算了。

　　同属第二阵营的天天快递、百世快递、德邦快递，都启动了上市计划。宅急送、国通、速尔也都宣布了新融资。内外交困之中，优速快递坚持走差异化发展道路，不仅活了下来，而且在全国建立了6000多家网点，成为性价比最高的大包裹快递公司。

【案例解析】

　　没了竞争对手，创业者个个都是亿万富翁！但面对四面围剿的死敌，该怎么办呢？

"这五家（顺丰、圆通、中通、申通和韵达）上市以后，未来 3 公斤以内的小件市场，没上市的快递公司基本没有机会追上了。其他公司如果 2017 年上不了市，或者没有巨大的资金进入，是无法跟这几家巨头抗衡的。"余联兵作出如此判断后，给出了自己的答案：**差异化战略**！

差异化定位，决定商业游戏的切入点，"能做新绝不做旧！这个山头当不了老大，立即抽身，换个山头！"这种先进的商业思维和营销技法就是差异化定位。

新出路或新战场唯一的遴选标准是：是否契合企业核心竞争力。基于核心竞争优势的新市场创造，才是战略王道。

营销是皇冠，"差异化定位"绝对是皇冠上的钻石。差异化定位是"做对的事"，是决定企业生死存亡的关键点。而所谓的努力、团队、创意，都只是局部优化和锦上添花。

如何给产品做差异化定位，让它像尖刀一样"插入"消费者的心脏，"插入"竞争者的软肋？余联兵的任务是要找到一个"利润像病毒一样自动疯狂繁衍的战略位置"。

一、产品差异化

2014 年以前的"双十一"，淘宝、天猫平台的大件商品占比基本维持在 4%～5%，而这一数字在 2016 年攀升到 20% 以上。权威统计数据显示，大件电商渗透率近几年正在持续上升。

经过充分的调研和论证，2015 年 8 月，余联兵破釜沉舟地将产品战略从小件业务转移至 2～100 公斤的大包裹快递业务，与全力与行业拼抢"小件零散包裹服务"的红海业务形成强烈的区分。

在竞争惨烈的快递市场，优速快递是全国第一家明确将"大包裹服务"作为差异化战略的企业。打出"大包裹，用优速"的口号，强势占领了人们的内心，并相继推出了"3～50公斤""2～100公斤"重量段产品，迅速拿下了富士康、海尔、1919等大客户。

二、服务差异化

余联兵加速夯实差异化定位的基础：通过拼工资（基层员工工资涨15%）、拼时效（一日三派）、拼装备（购买10000台东方货车），让自身实力上了一个大台阶，并让"优速系"成为大包裹的代名词。

2016年3月，优速快递顺势推出"350限时达"服务，提出承诺线路范围内48小时送达，延误最高可获150元的运费赔偿。2016年6月，优速快递宣布完成A轮3.1亿元融资，加速推进大包裹战略。"双十一"当天，优速快递全网货量首次突破1万吨，大包裹战略取得实质性进展。2016年9月，优速快递宣布将大包裹战略从3～50公斤重量段升级为2～100公斤重量段，同时将"350限时达"顺应升级为"2100限时达"，并再次郑重对外承诺，延误全免运费。

余联兵说："优速'大包裹'的市场定位在2～100公斤，这是一个很宽的范围，但核心主力是3～10公斤这个重量段。这是一个'高不成，低不就'的重量段。因为主攻2公斤以内小件市场（含商务件）的顺丰和'通达'系，即便是向快运和物流方向延伸，它们的定位也一般都在50公斤以上的市场。3～10公斤这个细分市场的窗口期我认为还有3年。在这有限的3年里，要用快递的模式彻底切入这个区间市场，用门到门的服务模式撬动这个市场的变革。"

三、竞争差异化

毫无意外，快递同行在优速快递开启"大包裹"蓝海后纷纷跟进。

- 安能、国通开始把重心转移到大包裹业务。
- 圆通、中通、韵达相继宣布进入快运市场。
- 菜鸟裹裹联手日日顺等合作伙伴发力配送大件商品。
- 顺丰、百世，早早布局快运。
- 2018年1月，德邦创始人崔维星表示：未来将依靠德邦在零担和快运市场的优势，拿下国内的大件快递市场。这是对余联兵的直接宣战。

怎么办呢？2018年3月，**余联兵发挥"一米宽一千米深"的打井精神**，把企业有限的资源，充分聚焦在大包裹这个差异化业务上，对大包裹业务再度切分，推出了一战成名的"330限时达"的大包裹时效服务，即3~30公斤的大包裹门到门快递产品，承诺时效，限时未达，运费最高全额退还，产品首批上线包括上海、北京、广州、深圳、杭州、南京、武汉、成都、重庆、天津等29个城市。用户只要单票满足3~30公斤，在"限时达"开通范围内寄件，即可直接享受"330限时达"服务，品质提升、价格未涨。

为什么推出"330限时达"服务？当然是根据数据决策。在大包裹的差异化战略推行之后，优速快递积累了3年的数据，发现"肉中有肉"！之前定位的2~100公斤的产品宽度中，3~30公斤大包裹市场增速最为明显，收入、利润在整个产品体系内贡献最大。市场对3~30公斤大包裹快递的需求也极其强烈，优速快递在此段位的市场培育也日益稳定。

接下来，就是如何将这项业务打响，以正面迎敌，逼退对手。

首先是安全感的建立："限时未达，运费最高全额退还。"这已经不仅是对运输能力的挑战，更是对分拨、收派、信息的可视化、全面协调等企业管理能力的挑战。

接着打性价比战："承诺时效，价格不变。""330限时达"的定位是做市场上性价比最高的大包裹服务。

余联兵的思路很清晰：卡着节点、卡着节奏，在对手涌进大包裹市场之前，送他们一个"超级大礼包"。难怪有网友说，优速快递的营销水平，"四通一达"加起来都不是对手。

四、差异化效果

差异化战略，不但拯救了优速快递，还让优速快递实现了弯道超车。

2019年1月3日，在优速快递九周年庆典上，余联兵激动地宣布：优速快递在大包裹领域市场占有率第一！

他的底气在于：2018年"330限时达"的收入占优速快递总营收的60%，大包裹的收入占总营收的80%；从2018年9月开始，优速快递连续涨价12次，货量不降反升，使优速快递在2018年12月开始盈利。

基于此，余联兵宣布：接下来，优速快递要集中资源做好干透"一票多件同时到达"，打造自己的核心竞争力；同时将完成"330限时达"产品在全国129个主要城市全覆盖，并向市场承诺免费送货上门。

【陈轩点评】

"竞争战略之父"迈克尔·波特（Michael E.Porter）在其出版

军规33 集中战略与差异化战略

的《竞争战略》(Competitive Strategy)一书中提出了三种基本竞争战略：**低成本战略、差异化战略和集中战略**。

低成本战略又称成本领先战略，是指企业通过有效途径降低成本，使企业的全部成本低于竞争对手的成本，甚至在同行业中是最低的成本，从而获取竞争优势的一种战略。

差异化战略是指为使企业产品与竞争对手产品有明显的区别，形成与众不同的特点而采取的一种战略。这种战略的核心是取得某种对顾客有价值的独特性。

集中战略是将差异化战略和低成本战略运用到某一个特定的目标市场上，主攻某个特定的顾客群、某产品链的一个细分或某一个地区市场。

优速快递在2015年转型时，毫无疑问使用的是差异化战略。余联兵创造了快递行业中独特的产品和服务，主攻工厂、企业等特定的对时间敏感而对价格不敏感的客户，并为自己的产品和服务制定了较高的价格（连续12次涨价），将竞争对手逼退。

差异化战略能发力的地方包括但不限于：品牌形象、技术特点、外观特点、客户服务、经销网络、特定领域。

差异化战略就是要将企业提供的产品标新立异，最理想的状态是在几个方面都能实现标新立异。在这种状态下，价格和成本不是首要目标，要以此建立能有效对抗五种竞争力的防御地位。

差异化战略利用客户对品牌的忠诚，以及由此产生的对价格敏感度的下降，帮助企业避开竞争。也可以使利润增加不必追求低成本，客户的忠诚及竞争对手要战胜这种独特性需要付出的努力就构成了进入壁垒。产品差异带来较高的收益，可以用来对抗供应方的压力，也可以缓解买方压力，当客户缺乏选择时其对价格的敏感度也不高。

而赢得客户的忠诚后，面对替代品的威胁，其所处的地位较于其他竞争对手会更加有利。

差异化战略与争取占领更大的市场份额相矛盾。这一点举几个例子就会很清晰。苹果手机的市场份额永远斗不过安卓，喜茶的市场份额永远斗不过一点点、CoCo和古茗，法拉利的市场份额永远斗不过捷达、桑塔纳。同理，聚焦大包裹的优速快递，想要在市场份额上超过"四通一达"，也不可能。

优速快递寻找到了在"四通一达"之外的独特定位——大包裹业务，当然这个定位必须是稀有的、不可替代的、难以模仿的。在优速快递的案例中，纷纷切入大包裹市场的对手很多，说明这个差异化定位并非不可模仿、不可替代和稀有。因此，优速快递只能通过先发者优势建立模仿壁垒，如"330限时达"服务。这个壁垒包括客户忠诚、转换成本、路径依赖、规模经济和战略资源的独占性等。

成功企业的一个关键能力就是不断寻找未被开发的利基市场，并建立模仿壁垒。这也是余联兵的核心能力。

企业家的生命有两种延续方式：一种是子女，另一种是自己一手打造出来的企业。老兵不死，只是凋零。

军规 33　集中战略与差异化战略

阅读心得笔记

军规 34

迎合"主旋律",背靠大树好乘凉

【案例拆解】

支付宝"集五福平分 2 亿",实力反击微信支付

【背景介绍】

微信于 2014 年上线了红包功能并连续推出了多种红包玩法,深受广大用户的喜爱。对此,支付宝来了一次实力反击。2016 年支付宝"重拳出击",策划了一个比单纯抢红包更好玩的"新春送福"活动,即集五福(和谐福、爱国福、敬业福、友善福和富强福)参与瓜分 2 亿红包。从此微信独占春节档流量高峰的时代一去不返。

【案例解析】

支付宝的集五福活动比微信的抢红包更厉害的地方在于,它的互动设计更量化、有难度,确保了参与人数,又拉长了活动时间。

活动要求参与者,首先把支付宝升级到最新版本,进入首页点击"新春送福"后进入活动页面。没有支付宝的用户,需要先注册支付宝,这样支付宝的普及率就一下子提升了。有支付宝的用户,需要成功加 10 个及以上的支付宝好友,才可以拿到 3 张"福",这 3 张福字是随机的,可能是 3 张一样的,如此就需要用户和朋友进行交换。朋友互赠是第一次小范围的零散互动。

军规 34　迎合"主旋律",背靠大树好乘凉

满 10 个好友后送 3 个福,但是唯独没有敬业福。为了增加游戏的难度和真实性,支付宝前期只放出了不到 2000 个敬业福。这一做法类似苹果的饥饿营销,效果很明显。没有 5 个福不能参与平分 2 亿的活动,那怎么办?

用户开始在微信、朋友圈通过互换、众筹等方式获取"敬业福",如此一来,更多的人就知道了集五福活动,支付宝达到了传播和推广的目的。网络上甚至出现了很多关于"敬业福"的段子:"江湖传言,6 种东西找不到:长生丹、后悔药、铁道部的火车票、绝情丹、情花毒、支付宝的敬业福。"

当关注力汇集到最大限度时,支付宝正式推出了"王炸"——"敬业福"的计时争抢。长达 11 天的预热期,在最后一刻引爆。根据支付宝集五福活动页面显示,首次活动共有 791405 人参与并集齐了五福,平分了 2.15 亿元现金,平均每人分得现金 271.66 元。而支付宝官方微博透露,"敬业福"一共发了 826888 张。

集五福活动可谓相当成功。那么问题来了,微信的"抢红包"活动因为太火而被叫停,为什么支付宝的"集五福平分 2 亿"活动却没被叫停呢?

因为活动设计得非常讨巧。"爱国""富强""和谐""友善""敬业",是社会主义核心价值观的主要内容。在集五福的同时也全面宣传了社会主义核心价值观,非常符合主旋律。上春晚、发红包,既是商业行为,还有一定的社会作用。通过抢红包,这几条价值观,用户想不记住都难。

支付宝打着社会主义核心价值观的旗号,让微信自叹不如。一般来说,微信是不会让支付宝到自己的地盘上"撒野"的,唯独集五福的活动,微信只能"睁一只眼闭一只眼"。

支付宝集五福活动之所以能成功，首先是因为它抓住了人性的弱点。支付宝喊出的"平分2亿"的口号，是个巨大的诱惑，击中了人性中爱贪占小便宜的弱点，从而吸引人们参与。曾经一张"敬业福"的价格甚至被炒到了上千元。

其次，支付宝集五福活动的设计、交互都属于一流水准。活动的每个物件、每个细节，都透露着浓浓的年味儿，这导致大家明知这是商业行为，明知这是广告，还是乐意参与其中。

最重要的是，支付宝的集五福活动设计中包含了社会主义核心价值观。

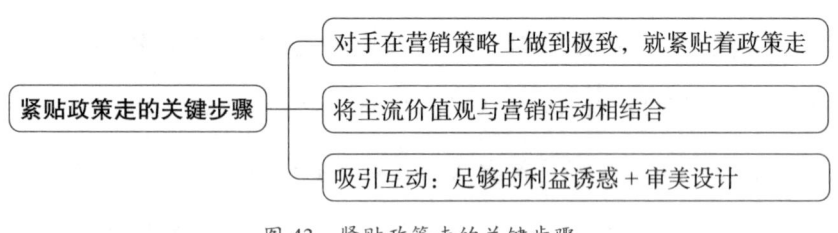

紧贴政策走的关键步骤
- 对手在营销策略上做到极致，就紧贴着政策走
- 将主流价值观与营销活动相结合
- 吸引互动：足够的利益诱惑+审美设计

图43 紧贴政策走的关键步骤

【陈轩点评】

在大海之中，鲨鱼是一个十分凶狠的动物，许多鱼类都是它们的攻击目标，但有一种小鱼能与鲨鱼共存，鲨鱼非但不吃它，反倒为它供食，这种鱼就是䲟鱼。䲟鱼的生存方式，就是依附于鲨鱼，鲨鱼游到哪儿它就跟到哪儿。

当鲨鱼猎食时，它就跟着吃一些残羹冷炙。同时，因为它还会为鲨鱼驱除寄生虫，所以鲨鱼不但不"反感它"，反而十分"感激它"。因为有了鲨鱼的保护，所以䲟鱼的处境十分安全，没有鱼类敢攻击它。

军规 34　迎合"主旋律",背靠大树好乘凉

冯仑对此有一个很生动的比喻:自身实力不足时,要积极寻找实力强大的合作伙伴。对于创业者来说,在某些方面有着先天的不足,如资金实力、竞争能力、抵御风险的能力、扩张能力等,通过与实力强大的伙伴合作,可以弥补这些不足。实事求是地讲,从寄生到共生再到超越,是创业自然"进化"的必然过程。

创业者最需要依附的对象是谁呢? 不是资本家,不是行业大咖,而是政府。 紧跟政策走,在政策允许的范围内经营,是永远的红线。

阅读心得笔记

军规 **35**

小创意撬动大销量

【案例拆解】

可口可乐"昵称瓶"力挽狂澜促销量

【背景介绍】

近年来,在健康饮食的全球趋势下,可乐等饮料因为被贴上"不健康"的标签,在全世界广受批评。含糖量高的碳酸类饮料被证实是导致肥胖的元凶之一。欧洲一些国家开始征收"可乐税";还有一些国家明令要求可乐像香烟一样,在外包装上印上警示标语。

根据美国机构的调查,美国碳酸饮料的销量连续11年下跌。为了扭转销量惨淡的不利局面,可口可乐在中国利用"昵称瓶"创意掀起了销量巨浪,使其他国家的可口可乐代理商争相模仿。这是一个小创意、低成本挽救销量的经典案例。

【案例解析】

在"两乐"的多年竞争中,可口可乐一向很低调,以"不做营销、深耕渠道"著称。"昵称瓶"诞生后,可口可乐的画风完全变了。2013年夏季,可口可乐开创的"昵称瓶"营销,在中国市场引起了巨大反响。可口可乐甚至凭借"昵称瓶"获得了艾菲奖(EFFIE AWARDS)——广告界的奥斯卡奖、格莱美奖。有人说,可口可乐开创的"昵称瓶"文化具有里程碑意义，它结束了过去品牌单向对消费者的硬性宣传方式，开启了与消费者互动的社会化营销方式。

其实，"昵称瓶"的创意最早源于澳大利亚市场。2011年，可口可乐澳大利亚区最先启动"昵称瓶"策略，活动很快火起来，被欧洲市场效仿。澳大利亚市场和欧洲市场的做法是"Share a Coke with 常见名"，就是把常见的外国名字，如迈克、大卫、马丁、山姆、玛丽等印在瓶身上，消费者想要送给朋友，只需挑选对方的小名即可。不过，国外的"昵称瓶"活动并没有掀起太大的浪花。

中国区把"昵称瓶"策略彻底玩转了起来。按理说，中国区做"昵称瓶"的难度最大，因为中国人的名字重复得再多，也不够挑选。但是中国区的策划团队并没有放弃这个创意，他们左思右想，最后把国外"常见名"的方式调整为"昵称"的方式，通过诸如"吃货""小清新""喵星人""学霸""文艺青年""邻家女孩"等60多个昵称和标签来圈定一些人。

"昵称瓶"在2013年夏季推出，引发了网友数亿次的自动分享，传播效果非常明显。"昵称瓶"带来的经济效应立竿见影，可口可乐中国区市场当年就实现了20%的销售增长，远远超出预期。

中国区掀起的"昵称瓶"巨浪，让其他国家的可口可乐经销商信心倍增。于是，"昵称瓶"被创造出新花样。例如，墨西哥区推出了"盲文瓶"，其广告更是催人泪下，牵着导盲犬的中年人找到附近的可口可乐自动贩卖机，买到一罐熟悉的可口可乐后，通过触摸上面的盲文惊喜地读出了爱人的名字；父母为失明的儿子买来可口可乐，儿子接过后迟疑地说出自己的名字，脸上露出了笑容……2015年，碳酸饮料在全球销量陷入历史最低,"盲文瓶"的创意再次挽救了可口可乐的危机。

当 Share a Coke 活动在全球进行得如火如荼时,中国区并没有停止创意。"昵称瓶"之后,又陆续推出了"歌词瓶""台词瓶""自拍瓶""录音瓶""密语瓶"等,也都大受欢迎,可谓"一招鲜、吃遍天"。让无数企业羡慕的是,可口可乐的"昵称瓶"创意,愣是火了 8 年!

那么,"昵称瓶"为什么会火呢?

第一,它敏锐地抓住了当下年轻人热衷探讨的话题。

2013 年正是网络用语和生活用语"东风压倒西风"的时刻,"昵称瓶"的出现,等于让年轻人的网络用语登上了"台面",所以引发了年轻人的热捧。"80 后""90 后""00 后"的一大特点是易受明星、KOL 的影响,所以可口可乐在推广"昵称瓶"时,先请达人艺人、明星和媒体晒出带有自己名字的"昵称瓶",迅速"感染"目标人群。

第二,可口可乐玩社会化营销轻车熟路。

执行"昵称瓶"营销时,可口可乐采取了"三步走"战略:

(1)在新浪微博上借助明星、KOL 等悬念预热;

(2)线下借助乐队演唱会官方正式启动;

(3)通过新浪微博微钱包和一号店等商务平台定制昵称的销售宣传方式进行变现,定制昵称将"昵称瓶"活动推向了高潮。

第三,"昵称瓶"成功的根本在于抓住了年轻人崇尚独特性、热衷个性化的普遍心理特征。

"昵称瓶"为他们提供了炫耀的工具,激发了他们炫耀自己"身份独特"的行为。当时,"白富美""吃货""小清新""文艺青年"等标签风靡一时,年轻人以混迹某一小众族群而自得。消费者通过"昵称瓶"

成功地为自己或小伙伴贴上了标签，买给自己彰显了个性，送给别人表达了自己对对方的印象。

与竞争对手百事可乐常年请明星代言相比，可口可乐通过"昵称瓶"拉近了与消费者的距离，可谓"成本低廉"。"昵称瓶"前期"浪费"一笔费用请达人、明星和 KOL 进行宣传，后期主要靠年轻人自发分享，是一次非常成功的"病毒"式营销。

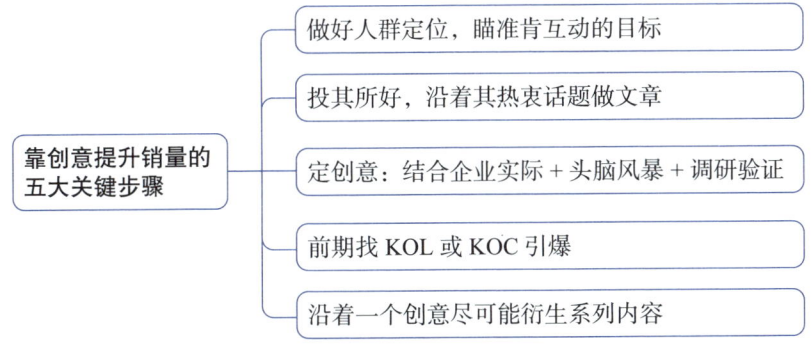

靠创意提升销量的五大关键步骤：
- 做好人群定位，瞄准肯互动的目标
- 投其所好，沿着其热衷话题做文章
- 定创意：结合企业实际＋头脑风暴＋调研验证
- 前期找 KOL 或 KOC 引爆
- 沿着一个创意尽可能衍生系列内容

图 44　靠创意提升销量的五大关键步骤

【陈轩点评】

很多企业为了扭转销量颓势，不断更新产品，大费周折，但可口可乐带来了不一样的思路：通过给产品取个新名字，也可以达到四两拨千斤的效果。

那么，如何给产品起个有创意、能卖货、能起量、不低俗也不自嗨的名字呢？ 这是所有创业者"打怪升级"的第一个挑战，其实也是最大的挑战。为什么这么说？举个例子，大家都知道信用卡，笔者认为"信用卡"这三个字的创意，价值 300 亿元。为什么？"信用卡"这三个字，给它剥去营销包装的外衣，它的本质就是负债卡，是帮人减少资产、增加负债的，是为银行创造收入的。但如果把它叫作某某行负债卡，你还会申请吗？你肯定避之不及。

但是，换一个视角，把它叫作信用卡，而且给它分等级，分为普通卡、黄金卡、白金卡、钻石卡、百夫长卡、无限卡……每个等级都对应完全不同的福利待遇和尊贵的服务，如此一个创意，就能让人争相申请并有意无意地炫耀。这就是有创意的名字的威力。必须指出的是，命名不是拍脑袋、头脑风暴的临时起意，而是基于生意、实践、人性和竞争系统的决策。

好名字顶得上 1 亿广告费。如何想出有创意的品牌传播语，实现一句话顶 10000 句话？例如，2008 年，笔者帮东北某企业的饮料产品"野果王"改名为"北纬53"；传播语创意为"北纬53，爱恋你的眼"（主打视力保护）。再如 2010 年，笔者帮 E 人 E 本提炼的卖点为"超便携、原笔迹、全网络"。又如 2013 年，笔者帮加多宝提炼品牌的精髓为"加多宝，奋斗 18 年"的奋斗者形象。

品牌命名和传播语，一半是技术一半是艺术，一半是策略一半是创意，一半是愿景一半是销量。品牌命名和传播语的本质是潜藏在海底基于人性的洗脑设计，是商业策略的创意爆破和文字表达。没有策略就没有品牌，没有定位就没有传播语。

品牌名和广告语的设计过程，其实是一遍一遍地捋战略定位和核心竞争力的过程。它决定了选择的战场。如何给产品命名？笔者结合 18 年的实战经验，用 16 个字总结命名："多维逼近，引而不发，静待灵感，调研验证。"

军规 35　小创意撬动大销量

阅读心得笔记

军规 **36**

"多想五步",驱势而为

【案例拆解】

左晖是如何给链家做增长的

【背景介绍】

1992年，链家创始人左晖从北京化工大学计算机系毕业。2001年，其注册成立二手房交易平台"链家"。随后，链家从北京走向全国，逐步成为中国最大的房产中介。2020年8月13日，脱胎于链家的贝壳找房，在纽约证券交易所挂牌上市。贝壳找房递交的招股说明书透露：全国103个城市，265个中介品牌，45.6万名经纪人，2019年交易房屋220万笔，年净收入460亿元人民币。"漂亮"的数据让贝壳找房坐稳了"中国最大的房屋交易和服务平台"的位置。

【案例解析】

《韩非子·外储说右上》说："国者，君之车也；势者，君之马也。"古人把"势"比作"马"，对于"势"的态度，强者向来如鞭马。很多人把链家的成功归功于时代的红利，其实不然，链家的成功归功于创始人左晖的"驱势"。

军规 36 "多想五步",驱势而为

一、链家的基因是互联网思维

2001 年成立第一天,链家做的是网站,而不是实体门店。这跟左晖所学的专业有关。其实搜房网在 1999 年就成立了,他认为以资源占有为核心的企业太多了,但真正提供价值的企业太少了,他想做一家能够提供价值的企业。

毕业于计算机系的左晖,给公司取名为"链家",摆明了要将中介、信息、顾客连接起来。"90 后"创业家李想就对链家很推崇,认为链家从外面看传统,其实是真正的互联网新经济公司。

左晖也说过,**链家的核心竞争力在线上,即数据和系统**。链家积累十几年的楼盘字典数据库,覆盖了 2 亿多房源信息。

所以,链家的基因还真的不是线下的中介,而是互联网思维。

二、独特的 7 个市场划分法

如何理解房地产行业?左晖将房地产行业按照不同维度进行剖析,他认为全世界有 3 个市场,中国、美国和其他。整个中国其实有 7 个市场,这 7 个市场的 GMV 差不多:链家会逐步占领 30% 的核心人群,产生 50% 的营业收入。

第一个市场是北京;第二个市场是上海;第三个市场是香港和台湾;第四个市场是深圳、广州、南京、天津;第五个市场是 15 个强二线城市;第六个市场是 25 个弱二线城市;第七个市场是其他城市。

这种分法很少见,也有启示意义。低频高毛利的产品,可以借鉴参考,然后逐个占领渗透,GMV 就做起来了。

三、链家的有所为和有所不为

左晖从以下几个维度剖析链家。

（1）从销售角度分为服务企业客户和服务消费者两条线，链家主要是C2C。

（2）从产品层面分为住宅和非住宅两类产品，链家主做住宅。

链家主做只占新房一半市场（6.5万亿，2017年数据）的二手房生意（3.5万亿，2017年数据）。世界银行的数据显示：国民人均年收入达到8000美元之后，会进入存量房市场。二手房和新房的比例，美国是6∶1，金融危机时最高达到20∶1。

（3）房地产产业链分四大类：制造业、交易类、资产管理和物业、其他金融服务，链家已经覆盖了交易类、资产管理及物业类和其他金融服务三类。

左晖说中国有2亿人是租房子住。人均每年花1万元租房，这就是2万亿元的市场。于是，2011年左晖启动"自如"，为10万家业主提供了资产管理服务，为60万租客提供了租房服务。

左晖认为国内房地产金融做得很差。链家当时的规划是：短期过桥，中期首付贷，长期按揭。

那么，左晖的判断对吗？

1998年，政府停止分房福利。链家于2001年创立并进入房地产行业，整整吃了房地产行业20多年的红利，而且是轻资产运营，现在成为巨头，左晖的判断是对的。

这个世界是概率的世界。李嘉诚为什么要从塑料花行业进入房地产行业？这是基于概率计算的未来的选择。将塑料花做出花来，市场规模和利润都是锁死的。

赢家的秘密就是坚持按照优势概率的形式，哪怕屡屡受挫也不更改人生下注的原则。所以有人说，每一个赢家的成功是选择的结果，而成功的秘密也是事后归因。

四、通过服务小 B 来服务 C

房地产的特点就是客户少，同一时间点想买房的人只有 1%，交易意愿很不强烈，今天想买、明天不想买的人很多，今天想卖、明天不想卖的人也很多。对于链家而言，就是要利用经纪人将想买房的人找到。从 2010 年开始，左晖找了国际商业机器公司和日本的企业帮助链家做了很多模型，摸索了 10 年，链家确定了自己的目标：要服务小 B。小 B 是谁？小 B 就是经纪人。

经纪人的核心能力是什么？是赚取买卖双方更多的差价吗？当然不是，经纪人的核心能力是帮助客户过滤信息，在政策变化、信息冗余中定位房源。链家用强大的平台去服务好小 B，让小 B 满意了，小 B 服务客户时才会用心。

为此，计算机专业毕业的左晖打造了一套房产交易底层系统，这套系统由三部分构成：房源信息化、经纪人数字化和数据智能化。

房源信息化完全是链家人用腿跑出来的，每间房子都有确定的唯一标识，文字、图片互动、视频 VR 等信息汇总成一个叫作楼盘字典的产品。而经纪人数字化就是所谓的 SARS 系统，将经纪人日常作业、店面日常管理、房源备案签约都搬到网上；数据智能化是挖来了做 AI 系统的专家，通过推荐算法提高用户、经纪人、房源之间的匹配效率。

链家通过完备的 IT 系统把经纪人单独作业的模式拆分为房源录入、

房源维护、房源实拍、委托备份、房源钥匙、房源推荐、房源成交、房源合作等环节，其实是一套分配机制，是让经纪人从恶性竞争走向良性合作的机制。

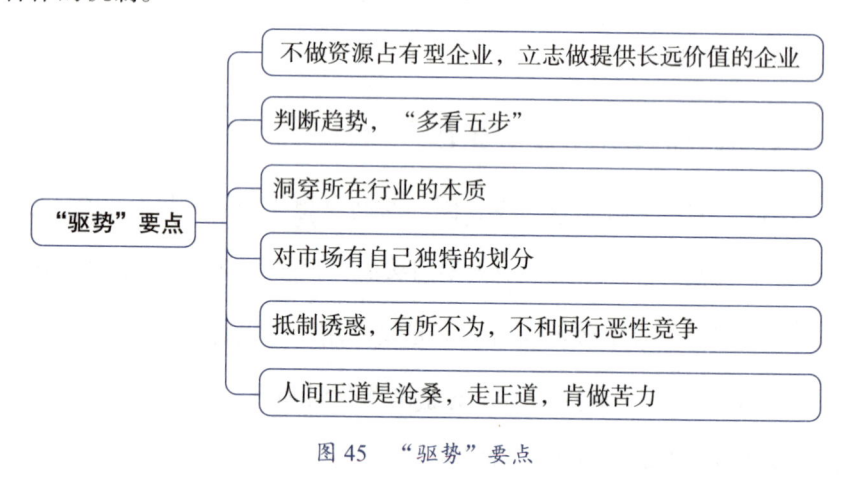

"驱势"要点：
- 不做资源占有型企业，立志做提供长远价值的企业
- 判断趋势，"多看五步"
- 洞穿所在行业的本质
- 对市场有自己独特的划分
- 抵制诱惑，有所不为，不和同行恶性竞争
- 人间正道是沧桑，走正道，肯做苦力

图45 "驱势"要点

【陈轩点评】

下中国象棋，讲究多想五步。

第一步，看一下全盘棋子的分布；

第二步，看清对方棋子的分布；

第三步，分析对方的用意；

第四步，确定自己的走法；

第五步，想清楚对方会采取的应对方法，如你选择走当头炮，对方可能应对的方法就有列炮、跳马、飞象、上士等，这些都要在落子之前想好。

创业如下棋，要有多想五步的预判能力，对于事业的成败很重要。

陕西作家陈忠实说过一句话："你做出选择，然后你或者成为

狼，或者成为羊。"

他的话比较委婉，翻译成大白话就是：面对创业，你究竟是选择成为强者，还是选择成为弱者？究竟是挺起胸膛直面挑战，还是缩回脑袋用精神胜利法自嗨？

笔者为什么喜欢和创业者打交道？因为无论成功与否，他们通通都是强者。 强者与弱者之间，有四个区别。

强者与弱者的第一个区别是能量的强度。

强者之所以被称为强者，本质是因为能量强，因为能量强，所以野心勃勃。弱者之所以被称为弱者，本质是因为能量弱，因为能量弱，所以得过且过。强者身无分文但心比天高，兜里只有100元，就想赚1亿元；弱者就算富甲一方也依旧谨小慎微，账上有1000万元，只敢吃利息，什么也不敢做。

区别在哪？根本区别就是自身能量的强弱。所以笔者在此提醒读者朋友，一定要注意保养自己，就算创业再累，也要早睡早起多运动，精气神好了、能量足了，一切都会好起来。

强者和弱者的第二个区别是整合的意识。

15年前，笔者在北京长虹桥下的一个小面馆遇到了牛根生。牛总给笔者题字：小胜凭智，大胜靠德。当时笔者没什么感觉，现在明白了，牛总其实是在说整合。大胜靠德，这个德，其实是分钱的格局。财散人聚，财聚人散。这里散财的格局和技术，就是商业中的"德"，有了这种德，才能聚集能人来帮自己，才能大胜。

强者和弱者的第三个区别是极致的能耐。

笔者现在扶持的一个创业者，做了20多年的童装生意。她在第一次创业时还只是刚毕业的大学生，在和工厂沟通时，颜色、款式、布料、版型、成本，一个细节一个细节地把控和沟通，将大难题拆成小细节，将小细节固定为数字和文字，令工厂大老板肃然起敬，破天荒地给了她别人想都不敢想的优惠条件，而且逢人就说，此人必成大业。果然，她做成了广深地区高端童装的头部品牌。

能不能做到极致，前提是有多大的决心把这件事情做成，并且能保证100%的专注。只有专注和全力以赴，才能做到极致；只有做到了极致，才能将被同行围得如铁板一样的市场切开口子；挤进去才能产生源源不断的口碑，才能获得快速的飞跃。

笔者拙见，把人分成三类，代表着商业人才的迭代进化过程。

点状思维的人才，这是商业中底层的人，解决一个点的问题。无论衣着如何光鲜，赚的都只是流水线工人的钱。

线状思维的人才，能把事情串起来，解决一个流程的事情，如市场总监、销售总监、人力总监等。

网状思维的人才，是高段位的精英。他们有系统思维和多元思维的能力，能向前多看五步甚至十步。他们能将一个棘手的难题就像庖丁解牛一样，条分缕析，纲举目张，找到解决问题的关键。这才是真正的强者思维。左晖无疑就是这样的强者。

强者和弱者的第四个区别是执行力。

强者在干中学，在学中干。而弱者总是觉得自己还没有准备好，永远在筹备，永远在等待。强者确立目标之后，无所畏惧，全力以赴，就像狼一样扑上去，死咬着不放，一定要达成目标。而弱者总是在为放弃找理由，总是在为失败做预演，根本上还是怯懦胆小。

强者的执行力有三个特点。

第一个特点是**快**。2019年，笔者支持过一个做培训的老总，上午聊到的想法，他下午就安排人把产品模型做了出来。这种人不成功简直没有天理。

第二个特点是**坚持**。这个世界上所有的失败只有一个原因：半途而废。

第三个特点是**不断调整**。在创业中学习创业，在营销中学习营销，不断总结、不断尝试、不断调整、不断优化，你一定会成功，你一定会解开死结，你一定会突出重围，你一定会笑到最后。

最后，送读者朋友一句话："**洞穿本质才能搞定创业**。"

祝大家都能创业成功！

阅读心得笔记